AF267827

LETTRES

DE

VENGEANCE

D'UN ALSACIEN

PAR

ALEXANDRE WEILL

Malheur aux vainqueurs.

PARIS

E. DENTU, LIBRAIRE-ÉDITEUR

PALAIS-ROYAL, 17 ET 19, GALERIE D'ORLÉANS

1871

L'édition allemande a paru à Londres

PARIS. — TYP. ALCAN-LÉVY, RUE DE LAFAYETTE, 61

PRÉFACE A L'ÉDITION ALLEMANDE

Je suis peut-être le seul Alsacien qui sache encore écrire en allemand. Mes anciens collaborateurs de l'*Erwina* ont tous disparu. Moi-même je suis vieux et cassé. La dernière guerre, plus calamiteuse que toute autre guerre, fait trembler la plume dans ma main et rien que l'idée qu'après avoir écrit ces lignes, je ne pourrai plus visiter la tombe de mes parents enterrés à Haguenau, me brise le cœur et m'arrache des larmes qui, comme des charbons ardents, brûlent le papier sur lequel j'écris ces lignes.

Pourquoi ces lettres? Elles sont un cri involontaire de mon cœur expérimenté, une effluve naturelle de ma raison sexagénaire. Je ne suis point un soldat du canon; sauf en légitime défense, je considère toute guerre comme un instrument d'esclavage, comme un suicide moral et physique sous le nom du droit du plus fort. Quiconque tue sera tué. Devant Dieu il n'y a pas de force, et quoi que disent les athées, le sang versé par les pères est toujours expié par les fils. Je suis un soldat de la pensée. Ma plume ne crache pas la mort, mais la vie, et, en fait de plomb, je ne moule que des vérités!

Je n'ai point étudié l'art de séparer les hommes et de les rendre malheureux, mais la meilleure manière d'être heureux dans l'union.

Je parle en prophète, non dans le sens ordinaire du mot, en homme prédisant au hasard un avenir mystérieux et miraculeux, mais en qualité de médecin logique et scientifique, accouchant les effets en les détachant naturellement de leurs causes; en qualité de penseur qui a étudié dans la nature même les lois inexorables de Dieu. Fort de cette puissance, je lance mes vérités flamboyantes en pleine figure des rois et des peuples.

Moi aussi, je suis gentilhomme et de race encore!

Ma noblesse remonte jusqu'au patriarche Abraham.

Mes aïeux étaient déjà à la tête de la civilisation quand ceux de Bismark mangeaient encore des glands avec les porcs dans la forêt de Teutoburg et ne rêvant que meurtres et rapines contre leurs voisins plus humains qu'eux, les Français de ce temps sous d'autres noms.

Que serait d'ailleurs l'Allemagne sans ces gentilshommes! Les premiers bégaiements de la langue allemande, c'est une traduction de la Bible par Luther. Tous juifs. La littérature allemande moderne date de l'existence de deux âmes jumelles s'appelant Lessing et Mendelsohn. Mais l'esprit du juif souffle bien plus fort dans les écrits de Lessing que celui du chrétien dans les œuvres de Mendelsohn. Qui donc en Allemagne a jamais parlé d'unité politique avant les Hulda et les Miriam de Berlin, avant que Rachel Lévin, Mme Hertz et les filles de Mendelsohn aient fait retentir les cordes vibrantes de leurs âmes patriotiques sur toute l'Allemagne, avant que Bœrne-Jupiter ait lancé ses foudres de Paris sur Berlin.

Bismark est un disciple de Bœrne, mais il a vendu son maître à la tyrannie pharisienne. Il est à Bœrne ce qu'est l'autruche à l'aigle. L'autruche court, l'aigle plane. La course de l'autruche est droite et raide. La bête dévore l'espace, mais elle n'a aucune force d'évolution ni d'élévation. Elle aime la chaleur, mais elle ne peut regarder le soleil en face, et quand elle croit tout sauvé, tout est perdu !

Aux Français, mes frères, j'ai dit les mêmes vérités en français. Elles sont imprimées et publiées. Elles prouvent que mes prédictions sont logiques et conformes à la loi éternelle des choses. Le temps est venu d'en dire autant à mes frères Allemands et dans leur propre langue. A quelque chose l'Allemand est bon.

Je ne cherche pas d'approbation, la vérité n'en a cure. Elle est parce qu'elle est. Elle n'a qu'à se manifester dans la parole. Au commencement fut le Verbe, il restera jusqu'à la fin.

Et ce que cette vérité maudira, sera maudit !

Nulle landwehr ne la battra. Comme tout ce qui existe, la vérité germe, pousse et s'élève avec le temps seul.

Ce qui aujourd'hui, au court-voyant, au présomptueux paraît être un paradoxe, voire même de l'extravagance, sera demain une vérité sûre, pure et mûre. Rien ne peut la subjuguer. Enchaînée même, elle domine ses dominateurs. Comme Epictète au marché des esclaves, elle crie aux marchands et aux curieux : « *Qui veut acheter un maître ?* »

Encore une fois, je vous dis la vérité que depuis des années vous cherchez à étouffer sous le tonnerre des canons et les hurlements des vainqueurs. En vain ! vous aurez beau me tordre le cou ou me pendre au premier arbre venu, la vérité, qu'au nom des lois éternelles de Dieu et de la nature je vais lancer sur vos têtes couronnées de lauriers, vous ne l'étoufferez pas, pas plus que l'air qu'un mortel voudrait étouffer de ses poings fermés !

Et ce que cette vérité maudira, restera maudit!

PRÉFACE A L'ÉDITION FRANÇAISE

Je suis le premier Alsacien ayant écrit en français, prose et vers, des livres d'art, d'histoire, d'imagination et de philosophie.

Quiconque a lu une de mes nombreuses brochures que j'ai publiées, à mes frais, depuis quinze ans, me rendra la justice que j'ai prédit, non pas une fois, mais vingt fois tous les malheurs qui viennent de fondre sur notre pays. Ce sont des coups de foudre, dit l'homme ordinaire. Le penseur qui connaît les lois de l'histoire et de la foudre sait que ces coups sont toujours préparés de longue main. La différence entre l'ignorant et le savant, c'est que le premier prend toujours l'effet pour la cause.

Celui qui a étudié la loi du Créateur, se manifestant dans l'histoire des créatures, sait qu'il n'y a jamais eu ni miracle ni pardon, et que jamais effet ne fut détruit ni détaché de sa cause. Pour apprendre avec certitude l'avenir, on n'a qu'à bien chercher le passé. Jamais la loi de Dieu ne changera. Toujours la justice et la vertu produiront paix et bonheur, et l'iniquité et le vice , guerre et misère. L'histoire des hommes est le seul tribunal de Dieu.

On n'est pas plus grand pour savoir induire l'avenir du présent, on est seulement placé plus près des hauteurs de la vérité. Le sommet d'une montagne reflète le premier le jour naissant. Avec le temps, le jour descend dans la vallée. Ainsi la vérité. Le sommet n'est pas plus grand que la base de la montagne, il est plus près seulement de la lumière.

Dès la déclaration de la guerre, j'ai quitté Paris, non sans avoir risqué d'être mis en morceaux par une troupe d'émissaires avinés de Piétri criant : « *A Berlin,* » sur la place de la Madeleine et que j'ai osé appeler par leur vrai nom « Canailles. »

L'issue de la guerre n'a pas été douteuse un moment pour moi. Après une longue maladie vient le délire. La France, depuis plus de quarante ans, est rongée d'erreurs, de faussetés, d'ignorance et d'immoralité. Depuis Mme de Staël et Châteaubriand, à de très rares exceptions près, il n'est pas sorti de la France *un seul livre* qui puisse être lu sans danger par *un honnête jeune homme.* De la fausse éloquence, des rimes riches sans raison, de l'ignorance fleurie, une excitation poétique aux passions matérielles. Plutarque a bien signalé le vice de l'avocasserie éloquente : « Lysias composa un plaidoyer « pour son ami, qui devait le prononcer devant les « juges. — J'ai lu ton discours, dit celui-ci. A la pre-

« mière lecture, il m'a paru admirable. A la seconde,
« il m'a paru moins bon. Je l'ai lu pour la troisième
« fois, et je t'avoue qu'il me paraît faux, plein d'er-
« reurs, absurde enfin !

« — Nigaud, répondit Lysias, tu oublies que les ju-
« ges ne l'entendront qu'une fois ! »

Voilà à quoi se réduisent tous les succès de la
France poétique, littéraire et politique depuis plus de
quarante ans.

Tôt ou tard, la gangrène devait venir. La plaie
extérieure paraissait petite, mais l'intérieur était
depuis longtemps cancéré. Une fois la crevasse déclarée, tout tombait en pourriture. Tout corps pourri
produit des vers qui le rongent. La France étant
pourrie, il lui venait, il lui devait venir des Prussiens.

Bismark n'est pas un homme de génie. C'est un
gros et solide rongeur sorti des entrailles du despotisme corrompu de l'empire français. La Commune
est une autre excroissance cancéreuse de la démocratie
athée et matérialiste. Un homme de génie ne saurait
surgir d'une société corrompue, pas plus qu'une abeille
d'une pustule galeuse.

La France ne manque pas d'hommes de talent, elle
manque de *mesure morale, de criterium* pour mesurer, pour juger les hommes. Qui donc, dans un tas de
fausses perles, ira chercher une vraie perle !

Mais ce n'est pas le moment de récriminer, d'autant que je ne ferais que répéter ce que j'ai crié de-

puis quinze ans dans le désert de vérité, de vertu et de science que l'on appelle Paris.

Quand la République fut déclarée, je suis rentré à Paris, par acquit de conscience, sans avoir une minute d'espoir. Nul ne pouvait sauver la France de l'Empire. Aucune puissance humaine ni divine ne pouvait plus arrêter le jugement.

A mes sinistres prédictions on me disait : « Que n'essayez-vous vous-même ? »

Je répondis. « Quand auprès d'un corps grangrené un médecin déclare vouloir ou pouvoir le sauver, ce médecin est ou un idiot ou un charlatan ! »

Il ne peut faire que l'autopsie du corps, afin de préserver les survivants des mêmes dangers.

Il faut que les générations corrompues de France et d'Europe disparaissent. De leurs cendres surgira une jeune civilisation vigoureuse qui, évitant les mêmes poisons moraux, peut arriver à une pleine santé.

Pour la seconde fois, je fus arrêté le 17 septembre sur la place de l'Opéra causant à haute voix avec une Alsacienne (je l'ai nommée dans le *Temps*) et lui prouvant qu'il fallait nommer une assemblée et faire la paix. Cette fois-ci deux gardes nationaux me poussèrent, la crosse au dos, à la mairie de la rue Drouot. Et quand je leur disais mon nom, un d'eux me répondit : « Allons donc, farceur, Prussien ! Si vous étiez M. Alex. Weill, vous n'auriez pas l'accent que vous avez. »

Je fus reconnu et relâché par des ouvriers de la

Belle Jardinière. Je partis le jour même pour rejoindre ma femme qui était chez son oncle à Londres.

Mais en quittant Paris je n'ai pas échappé aux souffrances de mes compatriotes. Au contraire. Ces souffrances, pour moi, ont été d'autant plus insupportables que je me reprochais tous les jours d'avoir manqué à mon devoir. Je ne sais si les Parisiens ont beaucoup souffert pour avoir ou pour ne pas avoir mangé de la viande de cheval ; quant à moi, il m'était impossible de manger quoi que ce fût pendant toute la durée du siége. On a beau prévoir tous les malheurs publics, nul ne saurait s'y soustraire quand ils arrivent. Pendant toute la durée du siége, j'ai littéralement subi la peine dont Moïse menaça son peuple en disant : « *Le matin tu voudrais le soir venu, et le soir tu t'écrieras : Oh! que ne fait-il jour!* » J'ai vieilli en dix mois plus qu'en dix années, et il me semble que j'aurais été moins malheureux si j'étais resté à Paris.

Mais, me dira-t-on, pourquoi n'êtes-vous pas rentré à Bordeaux, ou à Versailles, ou à Paris même ?

Ceci tient à des causes plus profondes, à des principes plus conscients.

La catastrophe qui vient de se déclarer en France, au cerveau de l'Europe, n'est pas seulement locale. L'Europe s'en apercevra en très peu de temps. Ce n'est que le commencement d'une dissolution générale, *la dissolution de la société chrétienne.*

Contraire à la raison, poussant à la superstition

et de là à l'athéisme, le christianisme dogmatique est frappé de mort. Nul pouvoir, nul Julien ne le relèvera comme ciment moral de la société.

La société ne peut vivre sans religion, sans doctrine spirituelle enseignant à tout être humain son devoir d'homme et de citoyen, d'où seul jaillit le droit. *Si l'homme ne fait pas son devoir pour l'amour d'un principe divin et de la justice absolue, il ne le fera que par crainte du gendarme. En très peu de temps, il n'y a plus assez de gendarmes. Encore quelque temps, et le gendarme même se fait brigand.*

On a beau faire des phrases sur la patrie et le patriotisme, l'homme ne meurt point pour son voisin, à moins qu'il ne soit cimenté à ce même prochain par un principe divin.

Les hommes ne s'aiment ni ne s'admirent guère matériellement. Ce n'est pas le même intérêt, ni la même langue qui lient les hommes pour n'en faire qu'une seule âme et qu'un seul corps, mais les mêmes principes, les mêmes vérités, les mêmes vertus.

Il n'est plus possible de forcer un homme de faire son devoir en lui promettant au ciel un paradis *tout terrestre*, encore moins en le menaçant de châtiments infernaux. Les enfants mêmes n'y croient plus. Il n'est plus possible de guider les hommes avec d'absurdes légendes sur Dieu, s'ignorant, se cachant, se révélant tour à tour comme un despote capricieux et finissant par se faire mourir lui-même, afin de racheter les hommes de leurs défauts, qu'il aurait mieux fait de ne pas leur donner, lui, auquel tout eût été possible.

Ou Dieu est toute raison, toute justice, ou il n'est pas!

L'Europe chrétienne tombera en pièces, comme un mur de briques sans ciment. Elle ne sortira plus de l'anarchie, car le despotisme n'est qu'une anarchie en conserve, de la boue gelée. Un rayon de raison, un coup de canon et tout est fange.

Nul autre Dieu n'est plus possible que celui d'accord avec la Raison et les lois de la nature, le Dieu de la JUSTICE, non dans un autre monde, mais sur cette terre même. C'est le Dieu de tous les hommes de génie, de Platon aussi bien que de Moïse, de Plutarque aussi bien que d'Isaïe, de Cicéron et de Sénèque aussi bien que de Philon. C'est le Dieu de Galilée, de Newton, de Montaigne, de Descartes, de Spinoza (qui est déiste, tout ce qu'il y a de plus déiste), de Corneille, de Molière, de Voltaire, de Lessing, de Schiller, de Kant, de Franklin, de Washington et de Lincoln, le Dieu de tous les hommes de conscience et de raison.

Depuis longtemps, j'ai voué ma vie entière à ce Dieu *et n'en servirai point d'autre.*

En 1848, j'ai été non un des premiers, mais *le premier* à entrer en lice pour combattre l'anarchie qui s'exerçait au nom de l'athéisme.

Mal m'en a pris. *Je me suis réveillé dans les bras des jésuites.*

J'ai juré, et pas trop tard, qu'on ne m'y prendrait plus. L'athée et le chrétien dogmatique sont les deux extrêmes de la même maladie. L'athée manque de raison : il n'y voit pas. Le fanatique, étouffant sa raison, se crève les yeux. L'un est aveugle-né, l'autre aveugle par maladie. Nul ordre régulier possible ni avec l'un ni avec l'autre ! Entre le dément M. Pyat, niant Dieu, et monsieur n'importe qui, reconnaissant le pape infaillible, je ne vois pas plus de différence qu'entre une fièvre putride et une fièvre typhoïde.

Je veux bien être garde-malade, mais croque-mort, jamais ! !

On a beau s'élever par la pensée au-dessus des hommes, les fumées de la mêlée vous saisissent et vous aveuglent malgré vous. Et malgré vous le milieu dans lequel vous vivez vous entraîne à des excès, voire même à des crimes, fût-ce au nom du salut public. A chacun son rôle.

Le figuier, la vigne, comme dit *le Livre des juges*, n'a pas besoin de régner, il donne son fruit naturel. C'est au chardon à vouloir gouverner. Il n'est bon qu'à cela ! « Ne m'enflammez pas, dit-il dans la fable, ou je vous brûlerai ! »

Je suis, d'ailleurs, vieux et las de vivre. Je ne vivrai plus que pour penser, que pour combattre les erreurs qui s'appellent légion.

La France a été frappée la première, mais la première elle se relèvera, et c'est elle, si amoindrie de corps qu'elle soit, qui dictera les lois de la raison et du devoir à l'Europe. Si je puis y contribuer, je n'aurai pas vécu en vain !

ALEXANDRE WEILL.

LETTRES DE VENGEANCE

D'UN ALSACIEN

PREMIÈRE LETTRE

Qu'est-ce que la prophétie, et qu'est-ce qu'un prophète ?

Jamais, depuis des siècles, personne n'a agité la question d'où vient que de tous les peuples du monde, les Juifs seuls ont eu des prophètes, et pourquoi eux-mêmes n'en ont eu que sous le premier temple et jamais plus sous le second? Car Jésus n'était pas un prophète. De toutes les promesses mises dans sa bouche par les évangélistes, une seule s'est réalisée d'une manière universelle ; savoir : « Je ne suis pas venu pour faire la paix, mais pour déclarer la guerre.» En effet, quinze siècles de meurtres et de guerres non interrompus prouvent jusqu'à l'évidence que les mots christianisme et tyrannie se ressemblent à peu près comme un œuf pourri ressemble à un poussin avorté.

Les peuples chrétiens n'ont aspiré à la liberté et à

la paix que du moment où leurs penseurs ont déclaré la guerre aux dogmes romains.

Un prophète n'est pas un prêtre ignorant qui, après avoir pendant des années avalé des erreurs religieuses et pris de nausées vomit des prophéties miraculeuses sur ses concitoyens ; un prophète est un penseur, un logicien, un savant ayant pénétré les lois de la nature et reconnaissant la nature du créateur à celle de la créature même, comme à l'œuvre on reconnaît l'ouvrier. Un prophète est un accoucheur philosophique, qui des causes grosses d'événements sépare les effets naissants, effets qui, dans le monde moral, sont aussi mathématiquement prouvables que dans le monde physique.

Ces hommes-là ne pouvaient être que les disciples de Moïse, et aussi longtemps seulement que ses lois restaient affranchies de toute interpolation révélatrice, mystérieuse et surnaturelle, par la rédaction d'Esra sous le second temple.

Le philosophe Moïse a écrit sur le granit une grammaire éternelle de la loi humaine. Sa religion n'est qu'une politique sociale ; sa législation est une démocratie du plus pur idéal. Tout y est, même le jury et la *landwehr*.

Le dieu de Moïse est l'*Être* qui fut et sera toujours ce qu'il est, c'est à dire *la Loi* qui ne change jamais, la Loi qui, strictement juste, ne pardonne jamais un crime irréparable sans expiation, la Loi d'où sortent tous les êtres, qui tous sont solidaires, et qui, bien que différents dans leur but et leur mission, sont égaux par l'extraction et par la fin. Il n'y a pas d'autre loi divine que la loi naturelle qui, jamais, n'est ni violée ni suspendue.

Dieu n'est pas cet amour courtisanesque et capricieux, aimant arbitrairement l'un et rejetant l'autre, comme le dieu des Grecs se jetant sur Achille, parce que Vénus le boudait, ou sur Hector quand Junon le querellait ; il n'est pas non plus le soi-disant *amour chrétien* recevant en grâce tous les chenapans couronnés, quand à l'âge de l'impuissance ils râlent une confession dans les oreilles d'un prêtre ! Non. Dieu *c'est la Justice incorruptible, rien que la Justice,* en vertu de laquelle tout existe, depuis le brin d'herbe jusqu'à la planète. Il est la cause d'où jaillit tout effet. Jamais il ne détache un effet de sa cause, jamais il ne suspend sa loi, jamais il ne pardonne ! Toujours et partout la vertu produit paix et bonheur, et le vice guerre et malheur, de même que la pourriture engendre vermine et gangrène, et la propreté santé et gaîté.

Jamais, pendant le premier temple, il n'est question, dans l'histoire des Juifs, d'une *fête de pardon.* Ce fut là une invention d'Esra, revenant de la Perse. Toutes les légendes de la Bible sont de lui et, par cela même, il a détruit toute littérature, toute philosophie et partant, toute phrophétie chez son propre peuple.

Si Dieu pardonne des crimes, il n'y a plus de logique possible. Qu'est-ce que le pardon ? Faire qu'une chose faite ne le soit plus. Si cela était possible, aucune cause ne serait sûre de son effet. La vertu ne serait pas sûre de son fruit bienfaisant, pas plus que le vice glorieux de son effet malfaisant.

Dès qu'une religion admet le principe de pardon, elle exclut toute philosophie, toute logique, toute justice, elle détruit toute filiation des effets et des causes.

Vous avez beau prédire à un tyran que ses iniquités retomberont sur lui ou sur ses enfants, vous avez beau lui prouver l'inexorabilité de la loi s'incarnant sur chaque page de l'histoire, il vous répondra : « Il n'y a pas de Dieu, ou s'il en est un, il fera une exception pour moi, il fera un miracle, c'est-à-dire, il sus-pendra ou changera les lois de la nature. »

Que de fois le législateur du Sinaï repète-t-il que Dieu, n'étant que la justice, ne laisse jamais un crime in-vengé ; que cette justice s'étendra jusqu'aux généra-tions futures en cas qu'elles persistent dans le mal. A plusieurs reprises et dans un langage poétique, il dit au peuple qu'il ne sera puissant et prospère qu'au-tant qu'il observera les lois de la justice absolue, con-sistant dans la protection du faible contre le fort, du pauvre contre le riche, de l'infirme contre le valide, de la vertu, enfin, contre le vice.

Les malédictions qu'il lance sur le peuple sont ter-ribles, *exclusivement terrestres et sans rémission*, pour le cas que la nation viole toutes les lois divines basées sur celles de la nature. Si Dieu pardonnait, toutes ces prédictions édictées dans un style clair, net et logique, seraient ridicules, puisque d'un seul mou-vement Dieu pourrait annihiler tous ces effets et faire même qu'une chose faite ne le fût plus.

Les grands penseurs des Grecs et des Romains, de-puis Eschyle jusqu'à Cicéron, n'ont été grands qu'en combattant, au nom de la raison, l'absurde religion de leurs peuples. De même les chrétiens, poètes et philosophes, *tous, ils ne sont humains que parce qu'ils ne sont plus chrétiens!*

Dès que l'un d'eux retombe dans le christianisme, il devient non-seulement faux, mais inintelligible et ennuyeux.

Les grands prophètes seuls du premier Temple ont

pu rejeter et condamner tout ce qui est contraire à la raison, sans cesser de proclamer leur religion.

Jamais l'humanité n'en prendra ni plus ni moins !

Moins que cela, c'est de l'athéisme, c'est-à-dire de la loucherie.

Plus que cela, c'est du fanatisme ou de la cécité.

DEUXIÈME LETTRE

La pensée allemande stérilisée à l'état de mulet.

Il y a longtemps que l'Allemagne ne pense plus. Le casque prussien a tellement écrasé son cerveau, qu'il n'a plus, en fait de paroles, que certains sifflements bestiaux. Tels les mots *Krieg* et *Sieg*, en allemand (guerre et victoire). Au penseur, ils sont des sifflements de serpents, de quelque côté qu'ils bondissent.

Je ne suis pas un soldat de la force brutale. Mon chassepot est une plume et je n'envoie à mes ennemis que des vérités. Ce ne sont pas des cendres que je jette, comme Marius, vers le ciel pour les transformer en vengeurs, mais des vérités arrachées à la nature et à la loi de Dieu. La vérité, c'est comme de la glace cueillie au milieu de l'hiver sur les sommets des montagnes. Elle ne sert pas à celui qui l'a ramassée, mais, plus tard, durant la canicule, elle rafraîchit l'âme et le corps des jeunes guerriers et des vieux hommes d'Etat.

Mais il n'est pas de vérité *nationale*. Tout ce qui est

national est borné, et ce qui n'est pas universel n'est pas vrai. Une vérité qui n'est vraie qu'à Berlin et qui ne l'est pas à Paris, est un mensonge venimeux. La victoire n'est pas une vérité; elle n'est jamais un bienfait, parce qu'elle suppose une victime. Pour être vainqueur, il ne faut qu'un vaincu. Tous deux peuvent être d'ignobles chenapans; l'un seulement un peu plus que l'autre. Un grand penseur, un grand poète, a pour compétiteurs tous les grands hommes du passé, du présent et de l'avenir. La grandeur des uns ne diminue en rien celle des autres. Mais, pour être un grand vainqueur de guerre, il ne faut qu'un misérable vaincu. D'ailleurs, une mauvaise œuvre de l'artiste ou du philosophe ne détruit pas ses chefs-d'œuvre, tandis qu'une seule bataille perdue détruit les faits de trente batailles gagnées. De là vient qu'il n'y a réellement pas de gloire militaire !

Le vainqueur, en fait, est plus à plaindre que le vaincu, pour peu que ce dernier, rentrant en soi, reconnaisse ses fautes et ses faiblesses. L'Allemagne, dans ce moment, attribue ses victoires à ses vertus. Pitié ! La vertu rend libre, la vertu commande le devoir.

Jamais l'Allemagne n'a été libre un jour. Elle espère, je le sais, arriver à la liberté par le despotisme militaire. Autant espérer acquérir une peau blanche et fine par la petite vérole. La France aussi a caressé cette idée. Délire ! Non-seulement elle n'a pas connu la liberté, mais cette erreur lui a cassé le cou. Il en sera de même de l'Allemagne !

Il n'y a qu'un Dieu et il n'y a qu'une vérité.

S'il y avait deux Dieux, il y en aurait mille et partant point du tout. S'il y avait une vérité dont les effets ne fussent pas absolument les mêmes dans l'histoire de toutes les nations, il n'y aurait pas de vérité du tout, et tout ne serait que mensonge et folie. Du despotisme national, du régime militaire il n'est jamais sorti nulle part ni liberté, ni prospérité, ni aucune *nationalité*! Autant dire que d'un chardon il ne sort que des épines et que pour avoir des roses il ne faut pas planter des houx. Tout dans la nature suit la même loi. De deux espèces croisées on n'a encore pu produire que le stérile mulet, seul avenir réservé à l'Allemagne croisant la nationalité avec le despotisme.

Mais le principe même que d'un mal ne sort jamais un bien, a une si grande portée pour toutes les nations, qu'il faut que je le développe plus amplement. Il contient la solution d'un des plus grands problèmes sociaux, solution nécessaire à tant de braves compatriotes, dont les cœurs saignent dans ce moment et souffrent pour des crimes qu'ils n'ont pas commis. J'y reviendrai quand je serai un peu calmé.

TROISIÈME LETTRE

Quelle est la patrie et la mission des Allemands ?

Bien que tous les êtres aient la même origine et la même fin, chacun d'eux a un but spécial et une mission particulière. De cette diversité d'activité naît une certaine harmonie universelle, quoique avec de nombreuses dissonnances, voire avec des notes brisées. La mission de chaque peuple se dessine et se reflète dans son histoire, dont la surface seule plie, mais dont le fond est presque toujours le même à travers toutes sortes de vicissitudes.

Quelqu'un s'est-il jamais posé la question : Pourquoi y a-t-il une Allemagne ?

Quelle est la mission des Allemands dans l'histoire?

Il ne faut pas demander cela à un Allemand. Si tout homme se croit plus ou moins un point central de sa nation, l'Allemand, lui, se croit le centre même de l'humanité.

Il ne fait que juger et condamner les autres peuples. Toute sa littérature est une critique des faits et gestes des autres nations. Juger et condamner, c'est presque la même chose dans la critique allemande historique. L'Allemand d'instinct, et comme s'il n'avait d'autre mission, appréhende tous les peuples au corps, les traîne devant sa barre, enchaînés et garottés, les juge, et les exécute de la même main. Ce n'est pas une phrase oratoire, ce que je viens de dire, c'est la pure vérité historique. L'Allemand, depuis son existence sociale jusqu'à nos jours, a toujours été le gendarme, parfois le bourreau des autres nations. Je ne dis pas que ces peuples liés et condamnés n'aient pas souvent mérité leur sort, je tiens à constater seulement, et l'histoire entière en fait foi, *que depuis la chute de Rome jusqu'à la chute de Paris, l'Allemand a toujours été le gendarme et le bourreau de tous les peuples de l'Europe.*

Est-ce à dire que l'Allemagne n'a eu que des hommes à casque et des exécuteurs des hautes œuvres ? Ce serait nier le jour. L'Allemagne a eu de vrais grands hommes, poètes, penseurs et philosophes. *Mais* — et ici je reviens à ma thèse — *jamais héros allemand, jamais soldat allemand, jamais Allemand en uniforme, n'a combattu ni pour le progrès, ni pour la liberté, ni pour la pensée d'un Allemand; toujours et de tout temps des étrangers, des soldats étrangers, ont combattu et sont morts en Allemagne même pour la liberté, pour la pensée allemande. La bénédiction en Allemagne ne vient pas d'en haut*, d'après le proverbe, *mais du dehors.* Pour toutes les autres nations de l'Europe, au contraire, il n'y a jamais eu qu'une seule malédiction, qu'un seul enfer, savoir : *La victoire des Allemands, l'invasion et la présence des Allemands* !

Voyons maintenant les preuves à l'appui. Elles sont innombrables, irréfragables.

Qu'était la légion germanique à Rome ? Lisez *Josèphe.* Lui seul nous donne un récit véridique de la mort de Caligula. Car, quant à *Tacite,* les moines chrétiens ont arraché le cœur à ses *Annales.* Après la mort de ce tyran, la liberté à Rome allait renaître, lorsque les prétoriens *Germains*, qui avaient la clé de toutes les geôles, s'alliant avec la plus vile populace de Rome, proclamèrent un nouvel *Imperator*, de peur d'être inutiles et de ne plus rien valoir sur le marché des âmes viles et vénales. Depuis ce jour-là, il n'y a plus eu un Romain libre qui eût voulu risquer sa vie pour la justice et la liberté.

Et que devint la Gaule après l'invasion des Francs ? *Chlodowig*, il est vrai, se fit baptiser, mais ce ne fut, comme le dit Voltaire, que pour commettre les crimes les plus infâmes, sous la protection des prêtres qui lui donnaient l'absolution. Il n'y a pas dans l'histoire humaine deux criminels plus odieux que Constantin et Chlodowig après leur conversion.

Il en fut de même de tous les envahisseurs du Nord,

n'apportant au Sud que guerres, meurtres et poux. Qu'ont-ils donné en échange à la France, à l'Italie, à l'Espagne? Ils leur ont donné *le servage féodal*.

Il est vrai que les vaincus se sont cruellement vengés ; ils ont donné le christianisme à leurs vainqueurs, et ce christianisme, en peu de temps, leur a apporté tous les fléaux de l'hypocrisie, du fanatisme, du despotisme et d'une guerre éternelle civile et internationale ; guerre qui n'a pas cessé un jour, ni avant ni après les Croisades.

Ce que le public européen ne sait pas, attendu que jusqu'à ce jour nul philosophe, sauf Voltaire, n'a écrit une histoire universelle, c'est que LE SERVAGE FÉODAL EST TOUT A FAIT UNE INSTITUTION GERMANIQUE.

Et ce servage a été mille fois plus pernicieux, plus odieux, plus immoral et plus calamiteux que l'esclavage de l'antiquité et celui de tous les pays de l'Europe avant l'invasion des Germains dans le Sud.

A Rome, il n'y avait que des esclaves individuels. Ils étaient ou prisonniers de guerre ou enlevés par un ravisseur et vendus. Ils étaient *étrangers* et avaient rarement la même foi religieuse que leurs maîtres. Ils pouvaient être affranchis, soit en récompense des services rendus, soit pour leurs talents particuliers. *Ils n'étaient pas attachés à la glèbe.* Souvent, en les affranchissant, le maître faisait une bonne affaire. *Il n'y a jamais eu dans l'antiquité une classe nationale vouée entièrement à l'esclavage.*

Les serfs chrétiens, au contraire, étaient tous *chrétiens* comme leurs maîtres. Ils étaient du même sang. *Ils étaient les meilleurs citoyens du pays, les seuls laboureurs, les seuls honnêtes gens de la nation.* Leurs maîtres, d'atroces pendards à cheval, armés de lances et de javelots, représentants de la fainéantise et de la force brutale, s'étaient déclarés nobles parce qu'ils n'avaient pas d'autre vertu, d'autre qualité. C'est la fable du chardon régnant sur les arbres fruitiers, racontée dans le *Livre des juges*.

Ces serfs ne pouvaient jamais être affranchis. Étant attachés à la glèbe, le maître, en les affranchissant, se serait ruiné. Il leur était même défendu de se faire moines.

Or, *le servage féodal est exclusivement germanique, de même toute la féodalité!* Elle est systématique comme tout ce qui est allemand. Dès qu'un soldat allemand paraît dans un pays quelconque, tout le monde est saisi d'un frisson mortel. On sait qu'il traîne à sa suite, sinon la mort, du moins la ruine et l'esclavage. *Jamais, au grand jamais, depuis l'existence du monde, soldat allemand n'est apparu quelque part comme un libérateur.* Je suis persuadé que les légionnaires romains, qui ont abreuvé d'amertumes mon pauvre ami Jésus, ont été de Wolfenbuttel ou de Dungskirchen.

Pendant des siècles, les empereurs allemands ont inondé l'Italie de leurs hordes cuirassées. Toutes les libertés municipales de l'Italie tremblaient d'effroi dès la parole : « *Les allemands viennent!* »

« Les Allemands viennent! » Autant dire : abandonnez femme, maison ou enfants, enlevez ce qui peut être enlevé et enfouissez le reste. Les Allemands viennent! Ils rasent les villes après les avoir pillées, ils sèment du sable sur les ruines, ils enlèvent et mènent dans l'esclavage tout homme qui a une idée de liberté ou de justice dans le cerveau, toute femme qui sent son cœur battre pour la vertu et la fierté! Les Allemands viennent! Ils n'aiment que des valets, que des esclaves. Ce qui, sans eux, eût paru être un fléau

« savoir le Pape ou le Français, » devenait un moyen de salut dès qu'il était question des Allemands, à peu près comme un homme, sûr d'être brûlé, saute à la mer, où, peut-être à force de nager, il pourra sauver sa vie. Aussi longtemps que les Allemands menaçaient l'Italie, nulle liberté ne pouvait germer, ni pousser, ni fleurir dans aucune province. Du jour seulement où, guerroyant les uns contre les autres pour partager leur butin, les Allemands disparurent des pays italiens, il naquit partout des États libres et, dès lors, le Français et le papisme devinrent à leur tour les ennemis de la liberté italienne. Naturellement, le poison ayant disparu, le contre-poison devint dangereux lui-même.

Nous allons entrer maintenant dans le cœur de l'histoire nationale allemande. Luther vint; il n'avait rien inventé de nouveau. Le vrai n'est jamais nouveau, car il n'y a qu'*une* vérité depuis la création du monde. Mais comme l'erreur est éternelle, celui qui la combat avec la vieille vérité, ne fût-ce qu'en partie, est toujours un grand homme pour toutes les époques. Je l'ai déjà dit, il en est de la vérité comme de la santé. Il n'y en a qu'une contre mille maladies, une contre mille erreurs.

Luther vint. Avec lui ou jamais, l'Allemagne avait trouvé une occasion, une conjoncture, pour brandir le glaive en faveur de la liberté; mais cela n'est pas dans le caractère des Allemands. A l'exception de Franz von Sickingen (voir ma *Guerre des Paysans*), toute l'armée germanique, tout ce qui portait les armes, tous ceux qui avaient un uniforme combattaient les idées de Luther. Le mot *Lansquenet* veut dire *valet de lance*. Il ne pouvait être inventé que par un Allemand. Dès qu'un Allemand endosse un uniforme, il devient le valet de sa lance. Il n'y a jamais eu un costume militaire de liberté en Allemagne. *Pour défendre Luther contre les allemands, ses concitoyens, il fallut qu'un héros étranger, un véritable grand homme, il fallut que Gustave-Adolphe descendît en Allemagne avec dix mille braves Suédois! Ce fut un roi suédois, une armée suédoise, qui, dans plusieurs batailles, battues en Allemagne, répandirent leur sang sur le sol allemand contre les Allemands, pour assurer à ces mêmes Allemands quelques lambeaux d'une liberté de conscience, pour laquelle Luther avait levé l'étendard de la rébellion contre Rome et le papisme.* Un tel exemple ne se trouve chez aucun peuple dans l'histoire. L'étranger, chez toutes les nations, n'est considéré que comme un ennemi apportant le joug et l'esclavage. Pour l'Allemagne seule, l'étranger pénétrant dans le pays est et a toujours été un libérateur. L'Allemagne tient toutes ses libertés de ses envahisseurs, vainqueurs de ses soldats et de ses tyrans couronnés.

Il n'y a de liberté possible nulle part quand les Allemands sont vainqueurs, pas même en Allemagne. Il fallait, ai-je dit, pour sauver la doctrine de Luther, que le Suédois fût vainqueur en Allemagne contre les Allemands, et après la mort de Gustave-Adolphe, mort encore inexpliquée aujourd'hui, la liberté en Allemagne, gravement compromise, fut sauvée par l'argent et la politique du cardinal de Richelieu. Où donc est la liberté qui fut jamais acquise par une victoire allemande, non-seulement en Europe, mais en Allemagne même?

Les Pays-Bas, c'est-à-dire quelques villes libres de la Hollande, ont tenu tête à la tyrannie de Philippe II. L'Angleterre, la France même les a contenus. Ils défendaient les idées de Luther inscrites dans l'histoire avec le sang suédois. Où, dans cette guerre des Pays-Bas, trouvez-vous un soldat allemand, une armée allemande, malgré les sympathies d'une grande partie du peuple allemand ? Quand l'Allemand vint enfin, ce fut pour rétablir le joug Autrichien, contre lequel la France entreprit une lutte séculaire. La liberté de conscience, en Hollande, ne doit rien à l'Allemagne. Si jamais les Allemands mettent le pied dans les Pays-Bas, ce sera pour leur ôter le peu de libertés et de prospérités qui leur restent, sans en jouir eux-mêmes.

J'ai oublié l'histoire de Gessler, en Suisse. C'était un horrible tyran étranger. Inutile d'ajouter qu'il était Allemand.

Un Allemand contre des Allemands, qui ne voulaient plus l'être. Car être libre est identique avec n'être plus Allemand !

J'ai la faiblesse de croire à l'avenir de la Russie. Je me rappelle la présence des Russes et des Allemands dans ma pauvre Alsace. Je n'avais que quatre ans, mais je me rappelle très bien que nos paysans parlant allemand, aimaient mieux loger vingt Cosaques que cinq Allemands. J'ose prétendre que les Russes apporteraient plutôt la liberté à Berlin, que les Prussiens à Saint-Pétersbourg. Or, ce fut un prince allemand qui le premier s'allia au despotisme moskovite contre la liberté des peuples. Frédéric le Grand spolia la Pologne, et, malgré sa philosophie, il n'a donné à son peuple d'autre liberté qu'une certaine liberté de conscience, gagnée sur le champ de bataille par les Suédois. Jamais la Russie n'eût osé toucher à la couronne de Pologne sans les aides-valets de l'Allemagne, et la France expie encore aujourd'hui le crime d'avoir assisté les bras croisés à l'écrasement

de toute une nation, enterrée vive par deux brigands
de grand chemin. Rien ne reste impuni. Et l'expiation, avant de toucher le malfaiteur, frappe toujours
celui qui laisse commettre le crime sans venir au secours de la victime. C'est la loi de la solidarité. Si
quelque chose pouvait être pardonnée, tout le serait,
et tous les peuples seraient heureux. Il n'y aurait
plus de soldats envahisseurs. En tout cas, il n'y aurait pas de Bismark. La justice avant tout est d'em-
pêcher qu'aucune injustice ne puisse être commise
envers qui que ce soit.

La passion du servage est poussée si loin chez les
Allemands, qu'eux seuls ont vendu leurs fils comme
soudards à l'étranger. Pendant des siècles, les Suisses
allemands se sont vendus à des nations étrangères. Ce
sont eux qui les premiers ont formé des régiments de
fantassins. L'électeur de Hesse a vendu ses sujets à
l'Angleterre pour servir contre la liberté des Américains. Il avait besoin d'argent pour ses maîtresses.
Soit! Mais si nécessiteux qu'il eût été, il ne les aurait
pas vendus aux Américains pour servir contre les
Anglais. L'Allemand vendu ne se bat que pour la solde
d'un tyran, attendu que la tyrannie seule lui permet
de piller. Des peuples libres, même vainqueurs, ne
permettent pas ce brigandage. Le pillage est aussi
naturel au soldat allemand que le gratter à un ga-
leux. Il existe une anecdote juive qui rend bien mon
idée : Un juif polonais arrivant à la foire de Leipzig,
se présenta chez son créancier. — Et que fait votre ami
Itzig? lui demanda le fabricant. — Il est devenu fou,
répondit celui-ci. — Alors, que ne me paie-t-il?
reprit le créancier. — Ah! riposta le juif, il n'est pas
devenu si fou que cela !

L'Allemand, si extravagant qu'il soit, ne devient jamais assez fou pour se battre pour la liberté.

La Révolution française, derrière ses victoires, apporta à l'Allemagne la liberté civile et politique. Et quand toute la Germanie rampa dans la poussière devant l'*imperator* français, quand des armées allemandes s'en allèrent combattant sous le drapeau français pour porter la guerre et la misère en Russie, ce fut encore l'étranger, ce fut la Russie, ce fut l'argent anglais qui traînèrent les Allemands à la remorque jusqu'à Paris.

Et c'est parce que l'Allemagne n'était que la troisième et la dernière puissance dans la victoire, qu'elle fut empêchée de livrer Paris au pillage.

L'armée allemande victorieuse retourna dans son pays pour y établir le despotisme militaire et l'esclavage civil. La liberté constitutionnelle dont elle a joui pendant quelques années, lui a été exclusivement exportée par la Révolution de juillet.

Il peut y avoir des Allemands rêvant une liberté qui poussera sur les victoires nationales remportées sur les soldats du second empire, mais leur rêve sera de courte durée. Le vainqueur est rivé au vaincu. Jamais victoire n'a été pardonnée, à moins que le vainqueur, reconnaissant son crime, relève le vaincu, et, le pressant contre son cœur, lui demande pardon, en cherchant à réparer tous ses torts.

Jamais peuple victorieux ne fut ni libre, ni prospère, ni heureux ! Le sang crie après le sang, la vengeance appelle la vengeance. Victimes immolées de la France, bon nombre d'entre vous avaient mérité leur sort en servant le plus criminel des gouvernements ; mais vous dont le sang innocent a été versé uniquement pour assurer l'Alsace à l'Allemagne, dormez en paix, vous pouvez attendre ! vous serez vengés, doublement, triplement vengés. Jamais l'humanité n'a manqué de vengeurs, car jamais crime ne fut pardonné sur cette terre ! Plus longtemps vous attendrez, plus terrible sera la vengeance ! Vos vengeurs sont déjà nés, soyez-en certains. La loi de Dieu, qui depuis l'origine des choses ne s'est jamais démentie dans l'histoire des hommes, ne changera pas en faveur de vos bourreaux. Ce n'est pas seulement l'argent qui porte intérêt , mais aussi les actions humaines. Jamais goutte de sang innocent n'a bu la terre sans monter en fumée vers le ciel, pour retomber en torrents sur la tête des hommes qui l'ont versée et de leurs enfants. Un tyran peut pardonner parce qu'il n'est jamais juste, même quand il fait du bien ; mais Dieu, qui est la justice même, ne pardonne ni ne saurait pardonner.

Qu'est-ce donc que l'humanité, qu'est-ce donc que la vie s'il n'y avait pas de justice sur la terre, justice visible , palpable et qui jamais ne se dément? Qu'est-ce donc que l'idée de Dieu qui vibre dans les cœurs de tous les mortels, s'il n'était pas plus fort que le plus fort des forts, s'il n'y avait dans toutes ses créations que le droit aveugle de celui qui est le plus violent, le plus méchant, le plus impitoyable, le plus inhumain, et pour tout dire en un mot le plus Prussien !

Si Dieu n'était pas la justice, s'il n'était qu'un tyran capricieux, l'humanité ne vaudrait pas la peine qu'on perdît pour elle une parole ou une goutte d'encre. Elle ne serait qu'un vil troupeau de moutons et son créateur un ignoble boucher qui ne les fait paître que pour les croquer plus gras.

QUATRIÈME LETTRE

Tache originelle du dix-neuvième siècle

Qu'est-ce que la nationalité ? Que signifie ce mot dans l'humanité et dans notre hémisphère ? Un mot qui a tant d'influence ne saurait être sans une signification bien arrêtée, sans un but, bon ou mauvais, bien indiqué. Quand on prononce le mot choléra, tout le monde comprend ce que cela veut dire, de même que les mots paix ou guerre, bonheur ou malheur. Point n'est besoin d'explication. Et voilà vingt ans que le mot *Nationalité*, comme une navette, passe d'un peuple à l'autre, d'une explication à l'autre, sans que personne puisse la définir et nous expliquer si c'est un bienfait ou un malheur, une convention ou une abstraction, si c'est blanc ou noir. La nationalité indique-t-elle une langue nationale ? Faut-il que tous les peuples, tous les individus parlant la même langue soient cimentés ensemble, au risque d'être écrasés, au risque de perdre toute volonté ? Dans quel but ? Un homme disant *bonjour* au lieu de dire *guten morgen*, est-il un autre microcosme ? Ce serait un blasphème contre la loi de la nature, contre lequel proteste l'histoire humaine tout entière. Dans le domaine des végétaux, des minéraux et des animaux, il n'y a pas une trace de cette distinction. Tous les chiens, dussent-ils entendre cinquante différentes langues, hurlent quand un de leurs semblables se met à hurler. Tous les arbres, eussent-ils cent différentes écorces, tremblent sous le même vent. Toute l'humanité, depuis son existence, se pousse vers l'unification, vers la fraternisation, en extirpant un idiome après l'autre. C'est l'idée universelle des prophètes. C'est l'idée centrale du christianisme, qui se reflète dans le mot *catholicisme*. La légende de la tour de Babel ne veut pas dire autre chose. Plus il y a de langues, plus il y aura de divisions, de guerres et de misères. Depuis l'invention de cette légende, l'histoire a supprimé plus de cent idiomes différents, et à chaque extirpation de langue, l'humanité fait un pas de plus vers la paix universelle et le progrès.

En France seulement, plus de cinq idiomes ont disparu. De même en Angleterre et en Italie. Les sauvages d'Amérique, décrits d'une main de maître par Chateaubriand, ont eu, à eux seuls, plus de cinq différents idiomes dans un pays très restreint. Ils ont tous disparu. Après l'invention de la vapeur et du télégraphe, un cri de joie retentit dans toute l'Europe. Maintenant, s'écria-t-on de toutes parts, nous serons si près les uns des autres que bientôt tout embarras de langage disparaîtra, que bientôt nous n'aurons plus qu'une langue, qu'un cœur, qu'une foi et qu'une loi.

Amère déception ! Il est dans la nature des choses, dès que la vérité soulève un coin de son voile, que mille erreurs viennent l'assaillir, l'assombrir, l'anéantir. A peine le mot *fraternité* fut-il prononcé et acclamé avec toute sa suite de paix et de prospérité, que le Méphistophélès, boitant après elle, grinçait le mot *nationalité*. Où est l'homme, où est la nation qui tordra le cou à ce mot diabolique ? Où est le coq qui de son chant matinal chassera l'homme au pied crochu ? Des torrents de sang ont été répandus en très peu de temps en l'honneur de ce mensonge infernal. Il a creusé un abîme si profond et si large entre lui et la vérité, que l'Europe entière, corps et biens, n'est plus assez vaste pour le combler, et quand il sera comblé, l'univers, d'Éden qu'il était, ne sera plus qu'un désert.

La nationalité, dit-on, est une membrure d'un corps universel. De même qu'un corps est composé de chair, d'os, de nerfs, de cerveau, de poitrine, de bras et de jambes, de même l'humanité, avec ses différentes nations, ses diverses langues et nationalités. Mais jamais corps humain a-t-il pu exister si un de ses membres vit aux dépens de l'autre ? A-t-on jamais vu la tête ou l'estomac illuminer et chanter victoire parce que la poitrine ou les jambes sont accablées de douleur ? A l'exception des hobereaux prussiens, qui croient avoir du sang bleu dans les veines, le même sang ne coule-t-il pas dans tous les membres ? La même sève ne monte-t-elle pas dans tous les arbres ? A-t-on jamais vu dans la nature un membre chanter un *Te Deum* parce qu'un autre vient d'être coupé ou brisé ? La nationalité n'est donc nullement une membrure naturelle d'un corps politique ou social.

Admettons même qu'elle le soit. Où est le mortel qui oserait tirer la frontière d'une nationalité ? Où est le créateur qui osera mesurer l'influence d'un idiome ? Il n'y a pas de corps sans centre. L'homme qui marche debout a son centre de gravité dans le cerveau. Dès que la raison cède, le corps s'affaisse. Aucun membre du corps ne peut se mesurer avec le cerveau. Où donc alors est le cerveau des nationalités formant le corps social ? Quel est le peuple, quelle est la langue qui oserait dire : Moi, je suis la pensée, le cerveau de l'Europe ? L'Allemagne sera-t-elle plus puissante de pensée et de moelle intellectuelle parce qu'elle vient de s'annexer l'Alsace et la Lorraine aux dépens de milliers d'existences, aux dépens de misères sans fin ? L'Allemagne pourra-t-elle donner plus de prospérité aux nations, parce qu'elle vient d'arracher violemment, à la force du poignet, cinq milliards à la France ? Un Lessing, un Schiller ne vaut-il pas cent fois plus que mille Bismark ? Et faut-il qu'une nation soit large et populeuse pour produire un Schiller ? Voyez donc la Grèce et Athènes. L'Allemagne pourra s'annexer de force la moitié de l'Europe, jamais elle ne produira des hommes tels qu'Homère, Eschyle, Platon et Plutarque !

Qu'était-ce donc que la Judée ? Elle ne comptait pas quatre millions d'hommes. Mais les Teutomanes et les Techtosages, prussifiés, pourront suer sang et eau pendant trois mille ans sans produire un Moïse, un Isaïe, un Jésus, dussent-ils *uhlaniser* toute l'Autriche et la Russie.

Qu'est-ce donc alors que la nationalité ? Croyez-vous parce que vos gueulards chantent : « Aussi loin que retentit la langue allemande, » *(So weit die deutsche Zunge klingt)*, et qu'ils accompagnent ces cris de hurlements de canons, qu'il y ait une vérité, une justification ou un sens intelligible dans ce mot ! Ce serait calomnier tous les vrais grands hommes de l'Allemagne. Croyez-vous que Luther a risqué sa vie, a osé lever le drapeau de la liberté de conscience exclusivement pour les pays où ne retentit que la langue allemande ? A-t-il parlé seulement pour les habitants de Wittemberg ? A-t-il déclaré au pape une guerre allemande ou une guerre universelle ? Lessing a-t-il écrit son *Nathan-le-Sage*, Schiller son *Tell* et Kant sa *Critique de la Raison pure*, exclusivement pour ceux qui parlent allemand ?

Quel est donc le poëte, le penseur qui, s'il en avait

le pouvoir, n'aimerait pas mieux parler une langue universelle pour inscrire ses vérités ès-cœurs de tous les mortels, pour éclairer l'intelligence de tous les humains, pour tirer un fil électrique à travers toutes les âmes, afin de n'en faire qu'un seul cœur, qu'un seul cerveau, qu'un seul corps ? N'est-ce pas Schiller qui a dit que le vrai poète embrasse toute l'humanité pour la presser contre sa poitrine ? fut-il jamais un philosophe *national,* un poète, un penseur *national*, une vertu *nationale*, une vérité *nationale*? Y aurait-il jamais eu une littérature allemande, une pensée allemande sans la littérature juive, grecque, romaine, italienne, espagnole, française et anglaise ? Ne pourrait-on pas décomposer les pensées de tout poète pour y reconnaître les graines d'une pensée étrangère ? Jamais poète national a-t-il découvert une idée neuve, une vérité nouvelle ? La vérité n'est-elle pas aussi vieille que le créateur même ? Les différents penseurs de toutes les nations ont-ils jamais eu un autre but que la propagation de cette même vérité qui , toujours obscurcie par mille erreurs, a toujours besoin d'être dégagée et mise en lumière. Lessing a beau critiquer Voltaire. Lui - même, malgré lui, est un Voltaire allemand ! Il ne fait que le continuer en combattant pour la liberté de la concience universelle. Jamais Schiller n'eût surgi sans les œuvres de Rousseau. Il l'avoue lui-même.

Je pourrais encore continuer pendant des heures. Je pourrais signaler dans la littérature allemande toutes les veines de Shakspeare, de Corneille et de Racine, mais à quoi bon ? Je ne parle qu'à des esprits éclairés. Il me suffit de poser la base d'une vérité en laissant le choix au lecteur de l'achever à sa manière. Et quant à la nationalité, il suffit de constater ce qu'elle ne sau-

rait être pour arriver à une conclusion logique et iné-
vitable.

Et, s'il est vrai qu'au fruit on reconnaisse l'arbre,
on peut hardiment, et sans risque de se tromper, constater que l'idée d'une nationalité allemande, non-seulement est fausse, contraire à toute vérité, mais encore qu'elle est blasphématoire, athée, grosse de malédictions et pour l'Allemagne et pour l'Europe; que
c'est une véritable boîte de Pandore, qu'elle versera
sur l'Europe une corne pleine de guerres, d'incendies,
de vols, de rapines, de meurtres, d'infamies, de hon-
tes, d'iniquités, de pestes et de misères sans fin, et cela
en peu d'années, car le mal va vite et il faut qu'il aille
vite, afin qu'il soit reconnu, haï, exécré et exterminé
comme tel !

Toute idée bienfaisante est universelle, et ce qui
n'est pas une vérité *pour tous*, est un mensonge. Ceci
posé, je vous le demande, comment est-il possible
qu'un mot tel que *nationalité* puisse contenir quelque
chose de bien, si ce bien n'est qu'une chose chiméri-
que, née de milliers de maux réels ?

Comment ! les Berlinois ne peuvent-ils pas jubiler sans
que les Parisiens en larmes et en deuil soient couverts
de sacs et de cendres ! N'y a-t-il pas d'autre félicité
nationale pour les Allemands que le malheur national de plusieurs autres nations ? Les Berlinois ne pour-
ront-ils jamais empocher ou gagner d'autres milliards
que ceux arrachés aux Français, les genoux sur la
gorge, comme des brigands ?

Les Allemands ne peuvent-ils produire d'autre
héroïsme national qu'aux dépens des Danois, des
Autrichiens et des Alsaciens, pour le moins aussi
honnêtes qu'eux, et n'est-il sur cette terre d'autre

bonheur humain que celui composé des malheurs d'autres humains?

Si cela était ainsi, ô, alors, sois maudit à tout jamais, toi qui as créé l'homme à ton image! Car si cela était ainsi, tu ne serais toi-même qu'une idole créée à l'image de l'homme. Oui, tu serais maudit, toi et toutes tes misérables créatures manquées, indignes d'un jour d'existence, indignes de regarder le soleil. Si tu n'entendais pas ton métier de créateur, tu aurais mieux fait de flotter inconnu sur le chaos et de noyer tout dans un éternel néant!

Cela n'est pas. Cela ne saurait être. Tu es la vérité et la loi. Tu as donné la vérité à l'homme et aussi la liberté de la nier. La nationalité est un de ces mensonges sanguinaires composés de convoitise, d'orgueil, d'ignorance et d'ambition libidineuse. Elle est l'instrument capital de la tyrannie et de la crapule. Elle est le fruit empesté d'une aristocratie besoigneuse, brutale, envieuse et avide de sang. Elle est la bâtarde du crime et de la débauche. Elle est empestée dans le sang. Elle n'est pas le feu, mais la fumée; elle n'est pas l'épi de blé, mais la folle avoine; elle n'est pas la faux, mais le poignard; elle n'est pas bénédiction, mais malédiction. Elle n'est point une cause, mais un effet, un châtiment. Dieu ne change jamais les lois du monde. Il ne fait pas de miracles. Tout est conforme à la loi de la nature. Celui qui sème du vent récoltera la tempète, et celui qui sème des erreurs ne récoltera que sang et vengeance! *Le mot nationalité est la tache originelle du dix-neuvième siècle.* Ce mot-là seul a fait reculer l'humanité de quatre siècles en arrière; lui seul a affolé tous les cerveaux, obscurci toutes les raisons, étranglé tout progrès. Et nul pouvoir ne pourra détruire les effets empestés qu'il a engendrés,

ni même les retarder. Si l'on avait jamais pu détacher
un effet de sa cause, l'univers entier se serait écroulé,
car il ne repose que sur cette seule vérité que toute
cause produit inexorablement son effet. Pour revenir
au bien, il faut que les hommes reviennent à la vérité,
il faut que l'homme crée la cause lui-même par le vrai,
le bon, l'humain, pour arriver à tous les effets naturels, qui sont la paix, la fraternité et la prospérité.

CINQUIÈME LETTRE

**Les malpropretés morales du dix-neuvième siècle,
ayant produit rongeurs et vermines.**

Voici une autre erreur du dix-neuvième siècle dont
les funestes effets sont écrits en lettres de sang à
chaque page de l'histoire.

Il n'est pas, dans la nature, d'autre droit que le
droit jailli d'un devoir accompli. Le droit est l'effet,
le devoir, c'est la cause. *Il n'y a pas, à proprement
parler, des droits de l'homme, il n'y a que des devoirs !* Des devoirs, comme le fruit de l'arbre, jaillissent les droits. L'homme n'a pas le droit de ne pas
travailler ni de marchander son honneur et sa liberté,
pas plus que la femme de vendre sa beauté et son
corps, ou de se stériliser.

Tout ce que la nature a donné à l'homme, elle ne le
lui a accordé que pour remplir ses devoirs, non-seulement pour lui, nais envers tous les êtres. Sans les de-

voirs accomplis par nos pères, sans le passé, sans la justice des temps écoulés, sans mille et mille sacrifices de la société passée et présente, pas un mortel nouveau-né ne serait sûr de son existence et de son développement. Pendant vingt années, tout le temps de sa croissance et de son éducation, il jouit des droits, fruits des devoirs accomplis par des milliers d'êtres ayant vécu avant lui. Dès qu'il est homme ou femme lui-même, à son tour de remplir ses devoirs. C'est à lui alors de payer la dette contractée, seule garantie de ses propres droits et de ceux de ses enfants.

Nos modernes sophistes démocrates ont prêché les *droits de l'homme* comme des concepts absolus. De cette erreur capitale sont nés tous les avortons, tous les monstres du dix-neuvième siècle. Elle est la mère de tout despotisme, qu'il s'appelle Bismark, Napoléon ou communisme. Ni liberté ni justice ne sont possibles aussi longtemps qu'elles seront considérées comme *Droits*. Si la liberté est un droit, j'ai le droit d'y renoncer, j'ai le droit de me choisir un maître. La nature n'a pas de droits et n'en reconnaît pas. L'arbre, la fleur n'a pas le droit de ne pas fleurir. Le so-soleil n'a pas le droit de ne pas paraître. Tout dans la nature fait son devoir. L'homme a bien la liberté de ne pas faire le sien, mais alors plus de droits pour lui, c'est à ses risques et périls! Les éléments eux-mêmes n'apporteraient jamais un mal à l'homme, si l'homme, faisant son devoir, était toujours juste envers lui et autrui. Le mot droit sans devoir n'a pas de sens, pas plus que chaleur sans feu ou froid sans glace.

Nos démocrates, louchant du cerveau, ont pondu, par douzaines, des constitutions de droits, qui toutes, au premier choc, ont disparu comme une botte de chanvre quand il sent le feu. Que fait à l'enfant nouveau-né le droit écrit de téter, si sa mère, manquant à son devoir, lui refuse le sein, ou si la société, à défaut d'une mère, ne la lui remplace pas en forçant une autre mère de l'allaiter? Que fait au faible le droit écrit de vivre et d'avoir la propriété de son travail, si le fort, injuste, — et il y a toujours des Bismark,— manque à son devoir, le vole et le tue? S'il n'y a personne de plus fort sous forme de société ou d'humanité, pour l'obliger à respecter la vie et la propriété de ses victimes? *La liberté n'est nullement un droit! elle est un devoir.* L'homme n'a pas le droit de n'être pas libre. Son premier devoir, le plus sacré, le plus divin, le plus naturel, est de s'unir à ses concitoyens, à ses semblables, afin que nulle part un plus fort, un plus rusé, un plus méchant n'abuse de sa force, de sa ruse et de sa méchanceté contre les droits des faibles, des simples et des travailleurs honnêtes. *La haine de la tyrannie n'est pas un droit, mais un devoir*, ainsi que l'amour de la justice et de la liberté! Les tyrans seuls parlent et ont toujours parlé de leurs droits, et à défaut de les trouver sur terre, ils les volent au ciel et les proclament par la grâce de Dieu. Quand le riche, forcé ou non, remplit ses devoirs, le pauvre jouit de ses droits.

Ainsi de la société, dont le devoir est de forcer le riche à faire le sien. Jamais peuple, parlant toujours de ses droits, n'a joui ni ne jouira un jour d'une liberté ou de la paix. Le peuple ne sera pas libre avant que chacun soit *forcé* de faire son devoir, en cas qu'il ne le remplisse pas de gré et par raison. Le premier devoir d'une société qui veut vivre et travailler en paix, est d'extirper avec la racine le mot absolu de *droit*. Le pouvoir n'est pas un droit, mais un devoir, et un devoir pénible.

Pour qu'un homme commande légalement à un peuple, il faut que le commandement lui soit imposé *comme devoir*, et qu'il n'ait d'autre but que de forcer chacun à faire le sien de gré ou de force, attendu que des devoirs accomplis des uns naissent les droits des autres.

Moïse, en cela comme en toute autre chose, s'est montré un maître ouvrier en science sociale. *Moïse n'a jamais proclamé un droit. Il ne prescrit que des devoirs.* Il ne dit pas comme nos démocrates de carton : « Tout citoyen a *le droit* de vivre et de jouir du fruit de son travail, » mais lapidairement : « *Tu ne tueras pas ! Tu ne voleras pas ! Quiconque tue avec préméditation, qu'il soit tué à son tour ! Quiconque vole, restituera au quintuple* (non à l'Etat, mais au volé). » Il n'admet pas, comme tous les législateurs païens et chrétiens du moyen-âge, une amende pour meurtre, pas même pour un membre brisé avec une intention malfaisante. Egalité complète pour le pauvre comme pour le riche, pour le serviteur comme pour le maître. Quiconque prive son semblable d'un œil, à son tour sera privé du sien. Toutes les lois sociales sont des devoirs dictés au fort ; ce n'est que par l'accomplissement de ces devoirs que le législateur promet au peuple : paix , prospérité et liberté. Le devoir, ce que Montesquieu appelle *vertu*, est la base de toute République. Il est à la société ce qu'est l'air au corps. Sans air, le corps se disloque et devient la proie de la vermine. Le peuple manquant à ses devoirs, l'Etat, comme un corps sans air, pourrit et produit des vers rongeurs. L'histoire a ses rongeurs et en aura toujours. C'est la loi de la nature. Tel sceptre n'est qu'un gourdin de police, et tel manteau de pourpre n'est qu'une jaquette de bourreau. Rien ne reste impuni dans ce monde, rien n'est et ne fut sauvé par un miracle. Il n'y en a jamais eu. Toute injustice comme toute pourriture, pue et engendre des vers rongeurs ou des Prussiens.

SIXIÈME LETTRE

Nous voici à cette éternelle énigme, question palpitante et actuelle si jamais il en fut!

Pourquoi l'homme bon ou l'innocent est-il malheureux, pendant que le méchant et le coupable paraissent triomphants et heureux?

C'est un reproche qui depuis des milliers de siècles monte des créatures vers le Créateur; reproche qui a poussé l'homme au doute, souvent au désespoir. Jusqu'à présent, les soi-disant sages, comme l'auteur du *Livre de Job*, n'ont trouvé qu'une seule réponse de Dieu, savoir : « Misérable mortel, tais-toi, tu ne sais rien, tu ne me comprends pas. Tu es un petit être faible et ignorant, tandis que moi, je suis un grand, un puissant et incommensurable Dieu. »

C'est bientôt dit.

Mais qu'est-ce qu'un Dieu qu'aucun homme ne peut concevoir, et à quoi lui sert-il? Et puisqu'il est si puissant, l'homme n'aurait-il pas droit de lui dire : Tu prétends être trop haut pour moi, courbe-toi un peu. Tu crois être trop lumineux pour être vu par mes yeux, voile-toi un peu ou donne-moi des lunettes à travers lesquelles je puisse te contempler.

Mais cela n'est pas. La vérité simple est absolue et à la portée de tous. J'avoue qu'elle est en faveur de Dieu et de sa justice contre l'homme.

Dieu est la loi éternelle et invariable, d'où sont sorties toutes les lois visibles de la nature, en vertu de laquelle toute cause produit toujours son effet logique.

Cette loi, il ne la viole ni ne la suspend une minute. Il n'y a jamais eu de miracle et il n'y en aura pas. Jamais mauvaise action ne fut pardonnée, et jamais bonne action n'est restée sans porter ses fruits bienfaisants. Si, une seule fois, cette loi eût été suspendue, soit pour une nation, soit pour un homme, l'univers entier, reposant sur cette même loi, eût croulé à l'instant même.

En vertu de cette loi, tous les êtres sortis de la même force, sont solidairement unis. Certes, il faut une plus grande force pour créer un homme que pour créer une fleur, mais c'est la même force créatrice qui a créé les deux, et tous les deux sont forcément soumis à la même loi.

Et toujours en vertu de cette même loi, les êtres ont été créés les uns pour les autres. *Il n'y a point de différentes classes dans la nature*; il n'y a que des degrés différents sur l'échelle des êtres. Il n'y a pas non plus de différents systèmes dans la nature, il n'y a ni physique, ni métaphysique séparées. Les lois morales et logiques sont les mêmes que celles de la nature. La loi morale est aussi sûre, aussi palpable que celle de la chaleur et du froid. Il y a plus, une loi morale violée réagit sur les loi physiques.

IL N'Y A QU'UN CRÉATEUR, QU'UNE NATURE, QU'UNE LOI ET QU'UNE VÉRITÉ.

Les êtres sont tellement solidaires que les droits des uns jaillissent des devoirs accomplis des autres. *Il ne suffit pas qu'un homme soit juste. Tant qu'il y en a d'autres qui sont injustes, le juste souffre solidairement des injustices des autres.* Et il en est ainsi de tous les êtres, sans exception, depuis le grain de sable jusqu'à l'astre. Quand en Égypte la terre n'est pas cultivée, et que grâce au despotisme on émascule cent mille garçons pour avoir dix mille eunuques ; quand aux Indes on jette des cadavres dans le Gange ou que des pélerins turcs grouillent par milliers dans un sale fanatisme, il en naît une peste qu'on appelle le choléra, et qui en six semaines enlève les justes comme les injustes, à Vienne, à Londres, à Paris. Le juste peut-il se plaindre ? Non ! *Le bien qu'il a fait n'est pas perdu. Mais pour vaincre le mal il faut qu'il lui soit supérieur en tout et qu'il l'extermine*, car (ici nous sommes au cœur de la question), *il n'y a pas d'autre amour du bien que la haine et la poursuite du mal*, comme il ne peut y avoir un grain de blé sans préalablement sarcler la mauvaise herbe et la retourner en fumier. C'est une des plus dangereuses erreurs de nos modernes démocrates, tous d'une désespérante ignorance de la loi naturelle. L'humanité a et aura toujours son ivraie de toute taille et de toute parure.

Aussi longtemps qu'il y aura du blé, il y aura de la mauvaise graine. Si on ne la sarclait pas, pas un épi ne mûrirait pour la faucille. Ainsi des hommes. Et toujours il faut sarcler l'humanité et arracher le vice, le crime, l'erreur et le mensonge, pour les retourner en fumier, et avec le vice, le vicieux, et avec le crime, le criminel. Ceux qui prêchent l'abolition de la peine de mort ressemblent littéralement à des agriculteurs prêchant l'abolition du cerclage et du fumier. Et les crimes envers les bêtes et les végétaux se vengent absolument comme ceux envers les hommes. La terre exige la culture comme l'homme exige l'instruction. La culture transforme un désert en Eden comme l'instruction transforme un sauvage en homme civilisé. Tout homme de guerre, tout homme proclamant le droit du plus fort, est un sauvage, bien peu au-dessus de la brute, quelquefois au-dessous d'elle.

De même les animaux. Tous ils exigent de l'instruction pour être apprivoisés et pour servir l'homme. Il n'y a pas d'animal malfaisant dans la nature. Les animaux malfaisants sont les produits des injustices et des tyrannies humaines, comme la vermine est engendrée par la malpropreté. Si la terre était partout cultivée et que les hommes fussent justes, tous les animaux malfaisants, même ceux à figure humaine, disparaîtraient en très peu de temps, et ceux qui resteraient deviendraient utiles à l'humanité.

Or, qu'est-ce que la justice et qu'est-ce que la civilisation ?

Cela se réduit à peu de lignes.

Là où tous les hommes se réunissent pour forcer le fort de faire son devoir envers le faible, là est la civilisation, là règne la loi de Dieu.

Là ou cela n'existe pas, il n'y a que de la barbarie et de la sauvagerie.

Le juste n'a nullement le droit de se plaindre de son sort, attendu que Dieu ne peut ni violer ni suspendre la loi en vertu de laquelle tout existe pour quelques-uns.

Sans compter qu'il n'y a véritablement pas de juste dans notre société, attendu qu'il ne suffit pas de ne pas faire le mal, qu'il faudrait, pour mériter ce nom, qu'on sacrifiât fortune et vie, pour que nulle part il n'y eût une injustice de commise ni envers un homme ni envers un être de la nature.

Ce juste-là, dût-il subir mille morts, ayant fait son devoir, produirait des milliers d'êtres puisant une nouvelle vie dans sa force sacrifiée.

Loin de mourir, il vivrait des millions de vies ! Il n'y a pas d'autre immortalité !

Les hommes n'ont rien à reprocher à leur créateur, Ils ne seront libres et heureux qu'autant qu'ils seront justes. Cela ne suffit pas. Il faut qu'ils se réunissent tous pour repousser partout l'injustice et exterminer les criminels. Pour cette vérité, il n'y a ni Allemagne, ni France, ni Europe, ni Asie, aussi peu que pour le choléra. Parce que la France s'est laissée pourrir sous le despotisme d'un homme et d'une femme, l'Allemagne est devenue elle-même la proie d'un tyran casqué, afin que ce tyran brandît son glaive à deux tranchants sur l'Allemagne d'abord, puis sur le pays qui a engendré son propre vengeur, car jamais, sans le despotisme impérial, Bismark n'eût vu le jour. Bismark est le fils naturel du 2 décembre et le 2 décembre est le fils bâtard de la révolte infâme de juin 1848. Si la France et l'Angleterre, au nom de la justice, s'étaient unis pour protéger les faibles Danois contre les deux représentants de la violence, l'Autriche et la Prusse, elles se seraient sauvées elles-mêmes, car tout secours donné au faible contre le fort n'est au fond qu'un moyen d'auto-conservation, de même que tout acte de vertu et de sobriété est une prime pour la santé et la longévité. De même l'Autriche. Cette puissance avait mérité son sort. Le sang innocent des Danois a été vengé sur le champ de bataille de Sadowa, mais cela ne justifiait pas la France d'assister les bras croisés au massacre des Autrichiens. Il y a toujours du sang versé qui crie vengeance et qui ne crie jamais en vain, car il n'existe pas de pouvoir pour pardonner un crime irrémissible. S'il pardonnait une chose, il pardonnerait tout, et l'humanité serait un Eden au lieu d'être un Enfer. La vengeance, hélas! a été terrible. Des tourbillons de fumée de sang français ont monté au ciel en guise d'expiation, et ceux qui survivaient ont avalé leur honneur dans une honteuse reddition.

Allez-vous croire maintenant, vous Allemands, que la loi de l'expiation s'arrêtera à Sedan ou à Metz, qu'elle se brisera aux forêts de l'Alsace parce qu'elle est redevenue allemande, et que mes frères enverront leurs impôts à Berlin au lieu de les envoyer à Paris! Il faudrait que vous fussiez tous dans un état de démence! Vous avez beau avec vos Buchner, vos Vogt et vos Moleschott, nier Dieu et sa loi. Parce qu'un aveugle se frotte les yeux, cela n'empêche pas le soleil de luire et même de brûler. Vous n'aurez ni paix, ni liberté, ni la moindre prospérité. Peut-être êtes-vous encore appelés à brandir vos fléaux sur l'Angleterre et l'Italie, coupables des mêmes crimes envers la France que la France envers l'Autriche, car vous êtes d'excellents fléaux, mais tôt ou tard, plutôt tôt que tard, vous serez flagellés vous-mêmes.

La justice divine exige ordinairement vingt ans.

Plutarque, un des plus divins penseurs de l'humanité, a constaté ce fait en citant à l'appui de nombreux exemples pris dans l'histoire des peuples.

Il ajoute que presque toutes les nations, d'instinct

ou par expérience, ont institué trois instances de justice, attendu que l'histoire donne ordinairement aux rois et aux peuples coupables *trois* avertissements avant de les exécuter. Des avertissements, vous en avez déjà. Moi-même je suis un instrument de la justice de Dieu. La Prusse monte depuis dix ans. Je vous donne rendez-vous *en dix ans*, peut-être avant, mais jamais plus tard, pour vous voir en proie à toutes les vengeances, pour vous voir gisant à terre saisis de convulsions et vomissant comme un noyé tout le sang innocent que vous avez dévoré. Déjà vos cœurs sont endurcis comme vos glaives. Votre raison est noyée dans le sang, votre esprit de justice, ivre-mort, vacille et ne peut plus se tenir droit. Vous êtes d'excellents soldats, vous serez encore de plus excellents laquais. Rien que des laquais, des laquais supérieurs et inférieurs avec toutes sortes de galons, de plumes, de sabres et de moustaches. Jadis vous étiez d'humbles savants. Dès aujourd'hui vous n'êtes plus que d'orgueilleux *valets* de bourreau !

> Ehemal's wart Ihr Denker,
> Jetzt seid Ihr nur Henker !

SEPTIÈME LETTRE

La moderne chevalerie de la Croix

Toutes les négations viennent du nord, toutes les affirmations du sud. Jamais personne n'a su ce qu'était le dieu des anciens Germains. Il n'y a jamais eu

de législateur dans le Nord. Jamais allemand n'eût
pu dire ces mots : « Et Dieu dit que la lumière soit et
la lumière fut. » Encore moins eût-il dicté une loi
telle que voici (*Exodus*, chap. 23, v. 4) : « Quand tu
rencontreras l'âne de ton ennemi abandonné, ramène-
le à son maître, ne l'abandonne pas, autrement tu
seras abandonné toi-même. Aime l'étranger comme
toi-même (à trois fois). Aime ton prochain comme toi-
même. (Lev., ch. 9). » Tout au plus un allemand aurait dit : « Si tu rencontres un ennemi succombant sous
son fardeau, soulage-le et emballe le fardeau toi-
même pour toi. Autrement tu serais un âne. » Chez
tous les peuples, la chevalerie a été instituée pour protéger le faible contre le fort ; — seuls, les Allemands
ont eu des chevaliers voleurs *raubritter*, que nous
appelons Burgraves. C'était une véritable institution
nationale. Chaque montagne était une forteresse où
un noble *raubritter* avec ses varlets guettait con-
tinuellement les voyageurs paisibles, pour les piller
ou pour les rançonner. Plus tard, ces différents chevaliers, à défaut des marchands, qui ne voyageaient
plus, se faisaient entre eux d'affreuses guerres locales,
qu'ils appelaient *Fehde*, guerre de dols, de vols et de
viols. La noblesse oisive et abrutie n'avait pas d'autre
occupation. Cela a duré d'abord jusqu'à la *guerre des
paysans*. Les paysans ont brûlé et détruit bon nombre
de ces repaires de burgraves. Mais les *raubritter* n'ont
jamais complétement cessé en Allemagne. Tous les
deux pas ils élevaient une barrière *nationale* entre
une bourse vide et une bourse pleine, en frappant de
Zoll tous les marchands voyageurs et en les pillant
cent pas plus loin, après leur avoir fait payer une
passe avant au prix de l'or.

Ils avaient surtout voué une haine profonde aux

juifs, haine qui est restée héréditaire dans le *hoberage*
allemand, probablement parce que ce fut un juif qui
le premier a dit : « *Tu ne voleras pas.* »

La révolution française a mis fin à cet état de choses
en Allemagne. Mais on a beau chasser le naturel, il
revient toujours au galop. Il n'était plus permis à la
noblesse allemande de piller les marchands avec ou
sans prépuce, il ne lui restait que le pouvoir de donner des coups de pied ou de coudrier. Mais l'allemand
n'est pas grossier pour rien. Il faut que sa grossièreté
rapporte. Il appele cela *dummes Zeug*. Il n'y a pas de
danger qu'il poursuive un juif *pauvre* pour avoir crucifié son dieu. Son dieu ne se plaignait d'avoir été
crucifié que du moment où les fils des crucificateurs
avaient le sac.

Il n'y a pas encore longtemps que les allemands prussiens ont traité avec leurs façons chevaleresques les
allemands de Hanovre, de Francfort, de la Hesse électo-
rale. C'était dans la nature des choses. Ces allemands
là ont eu l'effronterie de préférer la liberté autri-
chienne à la tyrannie prussienne. L'Autriche, comme
tout gouvernement ayant le sentiment de la justice,
désire être aimée de ses peuples. *La Prusse, seule, ne
veut jamais être aimée,* par la simple raison qu'elle ne
veut que de l'argent. Si on l'aimait, l'amour pourrait
servir d'adoucissement et de payement. On connaît
l'histoire de Schylock. Seulement c'est tout à fait le
contraire. Ce fut le prince Antoine qui fit arracher au
juif une livre de chair. La Prusse ne laisse même pas à
ses victimes le choix entre la chair et l'or. C'est pendant que les reins saignent qu'elle vide les poches au
vaincu.

Si l'Alsace et la Lorraine étaient pauvres, dussent-ils parler allemand avec l'accent berlinois, la Prusse ne les eût point annexées.

La guerre pour la Prusse n'est pas une nécessité, elle est une affaire. La Prusse n'est pas un gouvernement, ce n'est qu'une maison. Quand elle prend pour devise « du fer et du sang, » ce n'est qu'une raison de commerce, ce n'est qu'un échange contre de l'or, de l'or et de l'or. *La Prusse ne veut pas d'amis. Elle n'aime que des ennemis.* C'est en vain que tous les pouvoirs neutres rampent à ses pieds et ne se lèvent que pour lécher la salive de ses lèvres, la Prusse les dédaigne. Elle leur donnera tant de coups de pied, qu'ils seront bien forcés de devenir ses ennemis. Elle ne fera un pacte d'amitié qu'avec des pouvoirs, aussi avides et surtout aussi rapaces qu'elle. Jamais le loup ne fera un pacte d'amitié avec les agneaux, et s'il les laisse pendant quelque temps paître dans l'herbe drue, c'est pour les croquer plus gras.

Moutons européens, je vous engage à vous pourvoir de gros chiens de garde, — car vous aurez beau devenir Prussiens vous-mêmes, la Prusse, véritable vache maigre de Pharaon, après nous avoir dévorés, n'en deviendra pas plus grasse. Tout bien mal acquis empoisonne. Le serpent seul vit du poison et transforme tous les sucs en venin.

Mais l'homme, d'après l'Écriture, est fait pour lui écraser la tête. Le premier véritable homme qui surgit, c'en est fait de tous les Bismark à sonnettes ! Le premier homme d'État proclamant publiquement toutes les vérités du devoir, brandissant courageusement l'étendard de la justice et de la civilisation pour le planter au cœur de l'Europe ; le premier héros qui, au nom de la vertu profanée, du droit foulé aux pieds, au nom de tous les faibles sacrifiés aux forts, du travail honnête en proie au vol et au brigandage, qui, au nom du bien, du vrai et du beau, élèvera la voix pour crier vengeance, verra tous les peuples de l'Europe se ranger autour de lui. Et du fond de l'Asie et de l'Afrique, hommes, femmes et enfants accourront pour frapper au cœur les chevaliers de la Croix prussiens, pour écraser ce nid de burgraves ne reconnaissant que la force du tigre et la ruse du . serpent. Et des femmes allemandes, comme dans le *Tell* de Schiller, éleveront leurs enfants dans leurs bras en leur disant : « Enfants, regardez, c'est ainsi que meurt l'injustice fondée sur le droit brutal de la force et de la ruse ! »

HUITIÈME LETTRE.

Raison d'être de Bismark

Qui le premier dans l'histoire a dit que le progrès forcé, contenu, marchait fier et indépendant, à travers et au-dessus des événements humains ? C'est une pensée *allemande*, une erreur sanglante du Nord. Elle se trouve en limbes dans les œuvres de Wieland. Herder a écrit tout un livre pour prouver l'indépendance du progrès à travers l'humanité ! Goëthe, le génie le plus pervers et le plus malfaisant de ce siècle, est pénétré de cette erreur capiteuse et malsaine, semblable à du vin de Champagne empoisonné. Toutes ses œuvres sont imprégnées de ce sophisme aristocratique et tyrannique. Condorcet, esprit faux, a bâti sur cette erreur germanique tout un système, et, comme il flatte tous les mauvais penchants de l'homme, ce même système serpente, rampant et visqueux, à travers toute la littérature française, depuis Guizot jusqu'à Michelet, depuis Hugo jusqu'à nos derniers poètastres de l'empire et de la commune.

Les Allemands n'ont jamais exporté que des erreurs ou des vérités tronquées et falsifiées. Ils se créent d'abord une raison de commerce philosophique qui s'appelle Hegel, Schlegel ou Flegel. La raison acceptée, ils expédient en son nom toutes sortes de camelote frelatée qu'ils livrent contre des vérités simples, pures et pratiques. Ils n'ont jamais accepté de la France que des idées nettes et faciles à mettre en œuvre, telles que celles de Molière, de La Fontaine ou de Voltaire. Mais, en échange, ils ne lui ont envoyé que des principes nébuleux, emballés dans des couvertures poissées, principes nuisibles ou pour le moins impraticables. Le matérialisme vient de l'Allemagne. Ils ne le fabriquent pas pour eux-mêmes, ou plutôt ils ne trouvent pas de débit chez eux, mais ils l'exportent en gros. Ce sont eux qui, après avoir falsifié Spinosa (qui est un déiste enragé), l'ont expédié comme athée et lui ont même attribué l'idée du progrès indépendant, qui est l'erreur la plus fatale et la plus calamiteuse de l'humanité.

En effet, si le progrès, c'est-à-dire le bonheur, ne dépend pas des actions de l'homme, si le progrès, indépendant depuis l'existence de l'histoire, voyage d'un peuple à l'autre, sans s'inquiéter ni des vertus ni des vices des humains, en un mot, si le progrès est *une cause* au lieu d'être *un effet*, ou, mieux encore, si lui-même est une déité incarnée, il est parfaitement indif-

férent que l'homme soit bon ou mauvais, juste ou injuste, honnête ou malhonnête, libre ou esclave. Que
tous les hommes soient des coquins et toutes les
femmes des coquines, peu importe ! Le progrès, c'est-
à-dire l'âme de l'humanité, ne s'inquiète guère des
actions de quelques individus. Que ce soit la paix ou
la guerre qui prédomine, que la société soit rongée de
peste et de famine ou comblée d'abondance, le progrès,
comme le Juif errant, marche toujours son petit bon-
homme de chemin par dessus des décombres ou des
champs d'épis, et se loge tantôt en France, tantôt en
Angleterre, tantôt en Turquie et en Arabie, tantôt
même en Prusse.

Que tu sois un homme de génie, lecteur , avec ce
système Dieu ne t'a donné une grande imagination et
une grande raison que pour te faire connaître comme
un excellent ouvrier en paroles, en rimes et en écrits,
dont tu peux et tu dois tirer le plus de profit possible !
Que tu sois vicieux ou vertueux, honnête ou malhonnête, raisonnable ou fou, ami de la tyrannie ou de la
liberté, cela importe peu au progrès ! Que tu propages
l'erreur à la place de la vérité, l'anarchie à la place de
la loi, le droit à la place du devoir, c'est tout un ! Le
progrès n'en fera pas pour cela un pas ni en arrière
ni en avant. Il poursuit majestueusement sa propre
voie, sans regarder au-dessus ni au-dessous de lui.

Dès lors, tous les vices, toutes les infamies, toutes
les laideurs trouvent une excuse motivée et maximée
et en peu de temps, puisqu'en vérité rien n'est pardonné, tu apporteras à ton peuple l'esclavage, la honte, la
ruine et la mort. Et plus ton génie sera grand, plus
vite il pénètrera la masse, plus tu deviendras dangereux, morbifère et calamiteux. N'importe, avec le
principe du progrès forcé, le peuple n'apprend rien, ne

voit rien, ne sent rien. Il est frappé, il est vrai, il est malheureux, il est mourant, mais il se console, comme Condorcet, en s'écriant : Ah bah ! le progrès marche toujours. Il n'est pas ici, mais il est en voyage. Il n'est plus au bord de la Seine, mais il a loué un petit appartement au bord de la Sprée, et peut-être songe-t-il à faire une excursion sur la Newa. Que, si tu es un homme d'État, avec le système de progrès forcé, non-seulement tu peux te passer de vertu et de justice, mais même de raison et de savoir ; sois seulement rusé, adroit et matois, corromps et laisse-toi corrompre, que tu boives du vin ou du sang, que tu sois sans cœur et sans morale, voleur, brigand, assassin, c'est absolument la même chose pour l'histoire. Elle-même est le progrès, elle-même est la divinité qui progresse à travers l'humanité !

Ce mensonge est non-seulement blasphématoire (parceque Dieu ne progresse ni ne saurait progresser, parce que s'il est, il faut qu'il ait toujours été ce qu'il est et ce qu'il sera), il est surtout fatal pour toute nation qui l'accepte seulement un jour. Il relâche tous les liens de la justice, et partant du bonheur, il détruit toute la volonté de l'homme. Si le bonheur ou le malheur ne dépendent plus de la volonté de l'homme, de sa libre option entre le bien et le mal, à quoi bon le libre arbitre de la raison ? à quoi bon la vertu ? que sert à l'homme son travail, sa sobriété, ses privations, ses sacrifices pour ses concitoyens ?

La seule chose importante, c'est d'avoir du pouvoir, n'importe à quel prix, de bien vivre n'importe à quels dépens. Vertu ou vice, un seul trait les sépare seulement comme le rire et le pleur. Justice ou iniquité, des mots que tout cela ! Le monde ne repose que sur trois choses : pouvoir, force et argent. L'égoïsme le plus cynique, en effet, est devenu la religion exclusive de l'Europe, depuis que l'erreur du progrès forcé a empoisonné toutes les littératures du continent. La Commune de Paris en est la dernière expression.

Or, il n'y a pas d'autre progrès que la protection légale du faible contre le fort, du pauvre contre le riche, de l'infirme contre le valide, des enfants et des vieillards contre l'âge de la force, de la femme contre l'homme, de l'étranger contre l'indigène. Et ce progrès n'a jamais pu être obtenu que par la loi qui force le puissant, le riche, le rusé, l'homme valide, de faire son devoir. De ce devoir accompli jaillit le droit du faible. La barbarie ne consiste pas seulement dans le droit du plus fort, appelé en Allemagne *droit du poignet*, elle est partout où le riche abuse de sa fortune contre le travailleur pauvre (par l'usure), partout où l'homme d'esprit exploite l'homme simple et sans défense, partout où l'enfance et la vieillesse ne sont pas respectées et honorées, partout où le malade n'est pas soigné, etc. C'est pourquoi la guerre, sous n'importe quel prétexte, à moins de défense stricte et légitime, est un état de pure barbarie. Et même, en légitime défense, elle ne doit jamais dépasser la ligne de conservation. Enlever une province à une nation, parce qu'elle a voulu vous en enlever une autre sans y avoir réussi, autant dépouiller un voleur maladroit de son argent, parce qu'il a voulu vous voler le vôtre et qu'il n'y a pas réussi.

Jamais mauvaise intention ne peut être comptée pour le fait. La guerre, de conquête surtout, est la plus abjecte, la plus infâme barbarie. Le christianisme, en cela comme en d'autres choses, n'a fait qu'entasser fautes sur fautes pour lesquelles il a cherché toutes sortes d'excuses, fautes qu'il a cru pouvoir annihiler par le principe du pardon, principe faux et athée, démenti par dix-huit siècles de malheurs, de misères et de vengeance. Si Dieu pardonnait, tout le monde serait heureux, car le malheur n'est que l'effet de l'injustice. La guerre appelle la guerre et tout crime crie après sa vengeance.

Pour établir et maintenir le progrès, pour appeler et consolider la civilisation, il ne suffit pas d'avoir de grands poètes faisant de beaux vers d'amour, il ne suffit pas d'avoir de beaux tableaux, de magnifiques statues, d'admirables chanteurs, des acteurs célèbres. Les beaux-arts ne sont jamais les causes, les créateurs de la civilisation, mais de purs effets. Le progrès est le fils unique et légitime de la *vérité* et de la *vertu*. Il ne suffit même pas, pour le maintenir, d'être juste et vertueux, il faut, avant tout, que toute injustice soit rendue impossible envers n'importe quel être, que tout vice soit extirpé par le fer et le feu ! Car là où le vice est toléré, la vertu est impossible ! Là où l'injustice réussie est admise, la justice cesse d'avoir la moindre influence. Pour arriver à cet état de choses, il faudrait que tous les peuples fussent d'accord, non-seulement pour ne jamais tolérer la glorification du vice et du crime, ni par la parole ni par les arts, mais de ne jamais tolérer ni le vicieux, ni le criminel, si puissant qu'il fût. Contre l'universalité, il n'y a pas de puissant !

La Prusse n'existant que par le droit du plus fort, est un Etat barbare. Que serait-elle si toute l'Europe, se levant contre elle au nom de la justice et de la civilisation, lui criait : « Jusque là et pas plus loin ! » Évidemment, il faudrait que les nations eussent le sentiment de la vérité et du devoir. Elles ne l'ont pas. La France, la première, en a perdu les traces depuis longtemps. Quand les peuples foulent aux pieds la vérité et s'adonnent au mensonge, il faut que les faits eux-mêmes les rappellent à la réalité des principes.

Vous vous demandez d'où vient qu'au milieu de votre prétendue civilisation un pouvoir ait pu surgir, qui, foulant aux pieds toute idée de progrès, déclare qu'il ne reconnaît que la force? Vous vous demandez d'où vient qu'un seul homme, en dix-huit mois, ait pu faire reculer l'humanité en arrière de dix-huit siècles? Vous ne le comprenez pas. Vous parlez de miracles, ou plutôt vous niez toute justice, tout principe de devoir, en un mot, vous niez Dieu et vous attribuez tout cela au hasard! Fous, aveugles que vous êtes! Cette puissance, ces ténèbres, cette barbarie, ce coup de tonnerre en plein soleil, ce déluge moral sont *les effets préparés et naturels des causes que vous avez créées et que nul pouvoir ni divin, ni humain n'eût pu détourner de vous!*

Ils sont les enfants matériels de vos erreurs spirituelles; ils sont la vermine dévorante engendrée par vos souillures et vos malpropretés morales. Ce sont les preuves que Dieu donnees à l'humanité de son éternelle et inexorable justice.

Vous avez prétendu, durant des années, que le progrès était indépendant des actions humaines, qu'il était *au-dessus* des devoirs et non en eux-mêmes. Voilà la réponse de Dieu! Voilà la sanglante réfutation de la loi éternelle de la nature! Qui donc, après la paix de Versailles, oserait prétendre encore que le progrès marche toujours? Vous avez cru qu'il suffisait d'avoir du talent et du génie, *que la vie privée n'avait rien à faire avec la vie publique,* que les beaux-arts étaient au-dessus du devoir et de la vertu, que des littérateurs, des artistes, des acteurs, des journalistes, pouvaient vivre d'après leurs fantaisies et leurs passions les plus déréglées, que les théâtres pouvaient être des sentines de vices, que tout cela n'avait aucune connexion avec le progrès souverain !

La Prusse! vous répond l'histoire;

La Prusse! vous crient ciel et terre;

La Prusse est là pour donner un cruel et barbare démenti à toutes ces sales et dégoûtantes erreurs.

Vous avez prétendu que l'humanité devenait de jour en jour meilleure, plus raisonnable, plus humaine, qu'elle soit vertueuse ou non.

La Prusse! vous crie le destin.

Vous vous vantiez de l'invention du chemin de fer, du gaz, du télégraphe, de la Californie, de vos industries, de vos richesses, et vous vous disiez : Que nous importe la vérité philosophique! la science chimique nous suffit, la science qui transforme le plomb en or.

Pour toute réponse, le prophète sur le sable traça trois fois le mot *Bismark.*

Vous avez cru qu'il était indifférent pour un peuple d'être catholique, protestant, juif ou turc ; que la religion était une invention des songe-creux ; qu'il était parfaitement égal de faire élever ses enfants dans les principes d'une religion contraire à la raison et à la nature, admettant le pardon de tous les crimes sur la recommandation d'un prêtre, ou bien dans les croyances du matérialisme niant la justice, et tolérant toutes les débauches, toutes les félonies, tous les crimes.

La Prusse! La Prusse! ces deux mots seuls suffisent pour réfuter d'une manière irréfragable toutes vos erreurs, toutes vos légèretés, tous vos sophismes.

La Prusse est maîtresse en Europe. Elle n'a d'autre

raison d'être, d'autre base que *la force du poignet*, la ruse, la perfidie et la plus inhumaine cruauté.

Jamais la Prusse n'a revendiqué ni un principe de justice, ni une liberté, ni un devoir.

Elle est la vengeance, rien que la vengeance ! Elle est le bourreau, rien que le bourreau. Et quel bourreau ! Il enlève l'habit et la bourse de ses sup- pliciés. La Prusse est l'erreur faite homme, le men- songe fait empire, l'hypocrisie incarnée dans l'épée.

Jamais la Prusse ne tirera l'épée ni pour la justice, ni pour la vertu, ni pour la liberté. Son indépendance du dehors n'est qu'un esclavage intérieur. Elle n'est indépendante que de la liberté, que de la justice, que du devoir que le dehors aurait pu lui imposer. La Prusse est un tyran qui ne craint plus les blâmes du voisin. Jamais elle ne viendra au secours d'un faible contre le fort.

Elle ne fera une alliance qu'avec ses semblables, c'est-à-dire un pouvoir fort, injuste et violent comme elle contre les faibles, avec des princes qui attribuent comme elle, à Dieu, ses propres méfaits, comme au- tant de droits sacrés.

La Prusse est la réponse philosophique de Dieu à toutes les erreurs métaphysiques du dix-neuvième siècle. Elle est l'animal dévorant engendré par les mensonges moraux de la France. Elle est le ver ron- geur surgi dans un état cadavéreux. La plupart des hommes sont tellement endurcis dans l'erreur, que pour administrer quelque vérité à leurs crânes, il faut d'abord les leur casser.

La Prusse, par son existence, prouve que, pour éta- blir et conserver le progrès de la civilisation, il faut que chacun, grand et petit, veille jour et nuit sur ses paroles, sur ses écrits et surtout sur ses actions ; que toute cause produit son effet ; que rien n'est ni ne saurait être pardonné, et qu'il n'y a pas de miracles ni dans le passé ni dans l'avenir.

La Prusse ramène l'Europe au moyen-âge, et pour avancer de nouveau dans le progrès, il faudra de nouveaux penseurs proclamant la vieille et éternelle vérité, vivant selon elle, et la scellant, s'il le faut, de leur sang ! Si jusqu'à ce jour la France n'a pas trouvé de grands esprits se sacrifiant pour elle, c'est que, d'aucun côté, elle n'avait à leur offrir de vérité pour laquelle ils dussent mourir. La patrie n'est qu'un mot si elle ne représente pas la foi, la loi, d'une vérité divine ! On ne meurt pas pour des hommes, encore moins pour des places. On ne meurt que pour un principe vrai ou que l'on croit vrai. Que la France retourne vers les éternelles vérités de ses anciens hommes de génie, et elle trouvera des centaines de milliers de héros; mais cela ne se fait pas vite ! Il faut du temps et une volonté ferme de chercher le vrai et le bien.

La Prusse n'est pas une cause indépendante, elle est l'effet de nos erreurs. Elle est l'ivraie de notre fainéantise. Elle est le poison de nos sophismes. Elle est la gangrène de notre pourriture. Elle est le valet des hautes-œuvres de notre condamnation prononcée et méritée !

Il y a des hommes en Allemagne qui prennent l'Allemagne moderne pour le champion de l'humanité. Comme le lion rassasié dans sa tanière garde la paix pour le temps de sa digestion, l'Allemagne, se reposant, proclame la paix !

Pitié de ces gens-là ! Je vivrai encore pour les plaindre !

La puissance de la Prusse, les victoires de la Prusse ne sont que les exécutions des peuples prévaricateurs.

Elle-même n'a jamais mérité ni ces succès ni ces victoires.

Avec la dernière exécution, elle a signé elle-même sa propre condamnation.

Vous dites, ô Allemands, que vous voulez la paix ! La paix est la muse de la justice. Où donc, quand donc fûtes-vous justes, un jour, une heure, une minute ? Le fûtes-vous dans le Danemark, le fûtes-vous en Autriche, qui n'était que votre alliée, le fûtes-vous en France ? De quel droit forcez-vous des peuples à porter votre croix politique contre leurs volontés ? Parce que j'ai le malheur de parler votre langue, faut-il que je supporte l'insupportable morgue, la brutale grossièreté de vos besoigneux Junker ?

Vous étiez, dites-vous, dans votre droit de renverser l'empire qui vous a déclaré la guerre. Soit !

De quel droit volez-vous l'Alsace et la Lorraine comme on vole des moutons pour les conduire à la boucherie ?

Vous dites qu'il vous faut ces provinces pour vous garantir contre de nouvelles attaques. Autant vouloir couper les mains à un voleur pour qu'il ne puisse plus jamais voler, ou la langue à un menteur ! Vous dites vouloir la paix, parce que durant quelque temps étant le plus fort, vous croyez être la force même pour commander la paix à votre volonté ! Blasphémateurs en démence ! La vérité dite par un seul mortel suffit pour disperser au vent toute votre force mensongère et usurpatrice. Vous avez beau commander la paix à vos lances, à vos canons, à vos chassepots, si, moi, comme représentant de la vérité divine, je vous annonce la guerre, vous aurez la guerre, une éternelle guerre qui ne cessera jamais, une guerre qui dévorera votre dernier homme et votre dernier écu. Des rois peuvent dicter la paix sur le papier; si Dieu ne l'ordonne pas d'après ses lois de justice, il sait comment tourner les cerveaux des grands ! Il sait les frapper de démence pour les pousser malgré eux dans l'abîme. Point n'est besoin d'un miracle. Toute paix bâtie sur l'injustice et le droit du plus fort, est bâtie sur le sable et la fange.

Nous sommes en plein moyen-âge. La guerre est dans la paix même comme le serpent dans l'œuf, comme le poux dans la saleté, comme la syphilis dans la débauche. Vos guerres ne sont pas des guerres sacrées de légitime défense, ce sont des campagnes de conquêtes convoitées; ce sont des guerres de *Raubritter*, ce sont des fléaux divins, qui ne cesseront qu'au jour où le principe de la justice sera solennellement inauguré et proclamé sur vos défaites, sur vos tombes. Nous en sommes loin. Que la France, par ses malheurs, ait reconnu ou non ses fautes, peu importe ! Ce qui est certain, c'est qu'avec vos victoires vous avez sucé le poison de toutes les erreurs infernales du moyen-âge. Vous frappez à la figure de vos propres grands penseurs, vous les renversez, vous les foulez aux pieds, en y ajoutant l'hypocrisie de la religion. Vous flagellez l'humanité entière. Si vous deviez avoir la paix, tous les grands hommes du passé auraient pensé et vécu pour de vaines chimères. Si vous pouviez construire une paix de félicités sur les malheurs de vos semblables, vos victimes, tout ne serait que mensonge. Tous les grands génies des humains parlant au nom de Dieu et de leur conscience, au nom de la fraternité des peuples, au nom de la vérité et de la liberté de l'homme; tous ne seraient que des zélateurs affolés, des fous dignes d'être enfermés à Charenton, et l'humanité et l'histoire ne commenceraient qu'avec

Bismark. Lui seul, avec sa devise, serait le législateur des temps futurs !

Cela n'est pas. Le vrai Dieu, l'immuable, vit encore. Ses lois sont toujours les mêmes. Les grandes vérités dites par les grands hommes sont et seront toujours vraies, et Bismark n'est qu'un cancer dévorant l'Europe criblée de mensonges et finissant par se ronger soi-même, lui et son peuple.

Non ! vous n'aurez pas la paix. La vengeance, une vengeance de plusieurs lustres, voilà la récolte de vos victoires semées en France. Que vous soyez trois fois plus nombreux, trois fois plus forts que vous n'êtes ; que vous soyez des millions et des milliards, moi, au nom de la vérité éternelle de la loi divine et naturelle, je brandis le glaive de la vengeance sur vos têtes, et cela suffit !

Vous avez semé le vol, l'incendie, le meurtre, le droit du plus fort, vous ne pouvez récolter que la vengeance, une sanglante vengeance !

Vous avez beau étirer, étendre vos membres, poser vos têtes sur des coussins capitonnés et *emballés*, vous avez beau humer voluptueusement le champagne volé dans des hanaps chipés, vous avez beau entonner des chœurs de paix et d'amour, l'esprit de l'éternelle logique plane au-dessus de vos rêves de félicité, et cet esprit, qui ne ment jamais, vous crie dans toutes les langues de l'Europe : Vengeance ! Vengeance ! Vengeance ! jusqu'au jour où tous les humains reconnaissant qu'ils sont tous, Allemands, Français ou Chinois, enfants du même créateur ; que tous ils sont solidaires ; que les uns ne doivent pas jubiler quand les autres sont en deuil, fonderont la Paix sur la Vérité, la Justice et la Vertu ! Car la vérité, aussi bien que la justice et la vertu, sont universelles, et ce qui n'est pas universel, n'est ni vrai, ni humain, ni divin ! Il n'y a que l'erreur et la tyrannie qui soient *nationales*. La Prusse n'a rien ni de la vérité, ni de la justice. Il faut qu'elle soit vaincue. Elle le sera, ou Dieu cessera d'être Dieu ! ou l'homme cessera d'être homme !

Aux peuples Européens !

Veillez au Rhin !

Qu'est-ce que la neutralité ? Voici la santé et voilà la maladie. La neutralité entre les deux, c'est un malaise universel.

Vous qui vous appelez *pouvoirs neutres* et qui, les bras croisés, avez regardé établir *le droit du plus fort*, sous prétexte de maintenir la paix et la prospérité de vos contrées, non-seulement vous n'aurez pas la paix, non-seulement vous ne conserverez pas la prospérité, mais tous les maux que vous craigniez vous assailliront au quadruple. Dores et déjà vous êtes forcés de vous armer jusqu'aux dents. Ce ne sont pas des armées que vous soudoirez, vous serez forcés de transformer tous vos fils, laboureurs, artisans, industriels, marchands, en lansquenets. L'Europe entière ne sera plus qu'un vaste camp. Le mot *paix* n'a plus de sens là où il n'y a plus de justice. L'Europe ne connaîtra

plus que de courtes trèves. Voś champs de récolte seront transformés en champs de bataille. Vos
prairies, au lieu d'eau, seront irriguées avec du
sang.

Fous que vous êtes, de croire qu'après la loi barbare de Versailles, le commerce et l'industrie puissent
refleurir quelque part! Le commerce et l'industrie
fuient tout injustice, tout cliquetis d'armes, tout fra-
cas de gloire militaire, la parodie de toute gloire. Vous
avez beau entasser discours sur discours, promesses
sur promesses. En vain! la Prusse fît-elle des centaines de serments, prît-elle à témoin tous les dieux de
la victoire qu'elle maintiendrait la paix, le fait même
de l'iniquité est plus fort que toutes les paroles, que
tous les serments des peuples et des rois! Toute injustice, toute violence appellent la ruine et la mort sur tous
ceux qui les ont laissé commettre. Rien n'est, ni ne
saurait être remis. Si l'injustice pouvait être pardonnée, il n'y aurait jamais eu ni guerre, ni vainqueur, ni vaincu, ni aucun malheur! Vos traités, vos
papiers d'Etat ne seront plus que des loques! Des
armées sans fin piétineront dessus, depuis Londres
jusqu'à Saint-Pétersbourg, et les réduiront en chif-
fons : LA FORCE BRUTALE EST LACHÉE, LE DROIT EST
MORT !

Qui a donné aux insurgés de Paris l'exemple de brûler des maisons avec du pétrole, si ce n'est la Prusse ?
Qui, grâce à ce même barbare procédé, a brûlé sans
miséricorde des villages entiers avec tous leurs habitants innocents, parce qu'un franc-tireur a tué une
sentinelle prussienne ? Qui, à la face de l'Europe, a
dévasté, anéanti des milliers de propriétés privées
sans aucune utilité pour la guerre ? Qui, d'une guerre
de gouvernement à gouvernement, a fait une guerre

de concussions et de conquête? Qui, en six mois, a fait reculer l'humanité de six siècles?

N'allez pas croire que ce soit là un événement passager, que cet exemple restera isolé dans son aspect grimaçant et sanglant! Déjà l'Angleterre a été forcée de déclarer que, dans une guerre future, elle ne respecterait plus la propriété privée sur mer sous pavillon neutre. Il est dans la nature des choses que tout crime invengé se multiplie et gagne en intensité jusqu'à sa complète disparition par l'expiation. Toute torche est dévorée par l'incendie même qu'elle allume. La guerre prochaine, qui ne se fera pas attendre longtemps, enflammée par l'exemple de la Prusse, sera la plus terriblement barbare de toutes celles qui ont ensanglanté l'humanité. La guerre civile de Paris n'était qu'une seconde mauvaise édition de la guerre de conquête de la Prusse.

Et vous, Allemands, malheur à vos villes, malheur à vos villages, malheur à vos enfants dans le ventre de leurs mères, si jamais un ennemi vainqueur met le pied sur le sol de votre patrie germanique! Veillez au Rhin. Oui, veillez, jeunes gens et hommes mariés de la vieille et de la nouvelle Germanie, vous qui, bien que peu cruels de cœur, êtes solidaires des crimes commis par vos maîtres; veillez au bord de la Vistule et de l'Elbe. La France vous a appris comment un peuple expie les crimes de ses hommes d'Etat prévaricateurs. Forgez, forgez de nouvelles armes meurtrières, exercez-vous dans l'art de tuer et d'égorger vos semblables; veillez, veillez nuit et jour, ne vous livrez pas une heure au sommeil, au repos; dès aujourd'hui vous êtes *condamnés* à être toujours vainqueurs. La moindre défaite, et c'en est fait à tout jamais de l'Allemagne et des Allemands!

Quand on pense qu'avec l'argent qu'ont coûté la guerre du Mexique, on aurait pu assurer à tous les vieillards honnêtes de France, depuis l'âge de 60 ans, une rente annuelle de 500 francs ! Quand on pense qu'avec les milliards qu'a coûté la guerre franco-germanique et ce qu'elle va encore coûter, on aurait pu extirper le paupérisme dans le monde entier, on aurait pu cultiver les trois parts du globe abandonnées, et faire un Eden de l'univers.

Quand on considère la démence, la méchanceté, l'ignorance, la stupidité, l'iniquité des peuples, loin d'avoir pitié d'eux, il faut admirer la grandeur de la justice divine. Mais, qu'elle soit grande ou non, justice sera toujours faite. Et c'est parce qu'elle a toujours été faite, que les pages de l'histoire humaine sont tachées de sang et trempées de larmes.

Hélas ! le passé ne sera qu'un jeu d'enfants vis-à-vis de l'avenir ! L'Europe entière, en proie à la violence de la force brutale, ne sera plus qu'un désert d'hommes, jusqu'au jour où le peu d'humains qui resteront s'associeront et s'uniront de nouveau pour proclamer le devoir de la justice, afin que la force du fort, au nom du devoir, ne puisse être appliquée que pour la protection du faible ; afin que la richesse du riche ne soit employée que pour faciliter et sanctifier le travail du pauvre ; afin que l'esprit, le talent et le génie ne servent plus que pour proclamer l'éternelle vérité divine, en vertu de laquelle tous sont obligés de faire leur devoir, afin que tous jouissent de leurs droits !

Il n'y a pas d'autre justice ! il n'y a pas d'autre civilisation ! il n'y a pas d'autre paix ! il n'y a pas d'autre humanité ! En dehors de la justice, et si fréquentes et si ferventes que soient vos prières, vos confessions,

vos plaintes, vos supplications et vos larmes, en dehors
du devoir et de la justice, il n'y a et il n'y aura jamais
que guerre, vols, viols, incendies, meurtres, ruines et
misères sans fin, rien que d'éternelles souffrances
suivies d'une éternelle mort.

FIN

TABLE

CINQUIÈME LETTRE

SIXIÈME LETTRE

SEPTIÈME LETTRE

HUITIÈME LETTRE

Paris. — Typ. Alcan-Lévy, rue de Lafayette, 61

www.ingramcontent.com/pod-product-compliance
Lightning Source LLC
Chambersburg PA
CBHW051120050726
47594CB00003B/876